Relatos de la Antártida

Una travesía en el *Spirit of Sydney*

JOSE BESCÓS CANO

1

Dedicado a mi gran familia,
por inculcarme la afición a viajar.

ÍNDICE

ÍNDICE

Introducción

Pues sí..., me fui a la Antártida navegando en un velero desde el Cabo de Hornos. Hubo quien me dijo *"pero qué ganas tienes de jugarte la vida a lo tonto".* Pero yo he sido siempre más del sentir de Napoleón: *"morir no es nada, pero vivir vencido y sin gloria es morir todos los días".*

Pienso que es raro que uno se arrepienta de las cosas que hace en la vida, incluso de sus errores, pues se aprende de todo. Pero cuando hablo con personas mayores, me dicen con frecuencia que de lo que sí se arrepienten es de no haber hecho cosas que pudieron, por falta de atrevimiento. Escuchar a los ancianos es muy educativo, porque te permite anticiparte a lo que te espera en la vida, o al menos ir prevenido. Yo les escuché, y gracias a eso, cuando tenga ochenta años me gustará recordar que crucé el Océano Antártico, con un par de narices, en un simple velero, y que llegué hasta el Polo Sur, allí donde iniciaron su epopeya los grandes exploradores.

¿Qué es lo que lleva a una persona a navegar hasta las regiones australes? Para empezar hay que tener presente que ir a la Antártida en el siglo XXI tiene poco que ver con hacerlo en el XIX. Lejos de sentir ese afán descubridor, y ese reto de superación personal de los aventureros de antaño, ahora uno viaja, simplemente, porque el mundo actual le permite llegar hasta los rincones más inhóspitos del planeta sin ser alguien excepcional. Las comunicaciones vía satélite, el GPS, los avances en las predicciones meteorológicas, el diseño de los barcos modernos, y la mejora de las prendas textiles, han permitido que todo sea mucho más seguro.

Por estas fechas ya había viajado nueve veces al continente africano y cuatro al sudeste asiático. Las primeras aventuras fueron simples vacaciones en que sólo pretendía conocer países exóticos.

Pero el viaje del año 2007 a Madagascar supuso un punto de inflexión. Allí descubrí el placer de transitar por los bosques húmedos, y le tomé el gusto a las selvas. El verano siguiente lo pasé íntegramente en el abismo verde del Congo Brazzaville. Huir del lujo de los hoteles para dormir en tiendas de campaña, con alguna que otra araña de compañera de cama; pringarse de barro hasta las caderas, y calarse hasta los huesos con las lluvias tropicales; limitarse al escueto menú gastronómico que permiten los viajes por la selva; y asumir los riesgos de ser atacado por animales, fácilmente escondidos en la maleza...; todo ello implicaba una manera de viajar que los simples turistas no suelen estar dispuestos a aceptar. Pero hasta tal punto disfruté aquello, que dos años después organicé por mi cuenta otra incursión por las selvas de la isla de Borneo. Estos viajes eran, por tanto, más arriesgados, pero sin duda más gratificantes. Me convencí de que cuantas más incomodidades estaba dispuesto a asumir, tanto más espectaculares y exclusivas eran las experiencias.

Entonces, a finales de 2011, asistí a una conferencia que dio en Málaga Sebastián Álvaro, director del programa *Al Filo de lo Imposible*. Este hombre, con su equipo, había cruzado la Antártida de un extremo a otro en trineos tirados por cometas (es fácil buscar en Internet los detalles de esta ingeniosa aventura). Y como el 14 de diciembre de 2011 se celebraba el centenario de la conquista del Polo Sur por Amundsen, nos congratuló con su charla, exponiéndonos bonitas fotos y vídeos de su expedición.
En ese momento empecé a pensar que yo todavía tenía juventud y salud suficiente para hacer viajes más deportivos que los habituales, y que si no aprovechaba para hacerlos con mis cuarenta años, quizás más tarde no podría. Casualmente, unas semanas después vi en la televisión un documental sobre el *Spirit of Sydney*. Se trataba de un velero de 15 metros de eslora, gobernado por un matrimonio australiano, ambos oceanógrafos. Localicé su página web y les mandé un correo exponiéndoles mi interés, con una breve descripción de mi currículum viajero. Al poco tiempo me

respondieron con cierto aplomo: *"Nosotros no somos una agencia de viajes; llevamos expedicionarios. Dinos cuántas personas sois, y qué es lo que queréis hacer en la Antártida, y entonces hablamos"*. Siendo evidente que habían pasado de mí, les respondí que era sólo un humilde viajero con ganas de conocer mundo, y me olvidé del tema.

Pero el 21 de febrero de 2012 recibí uno de los correos más emocionantes de mi vida: eran ellos otra vez. Un grupo de australianos había fletado el barco, y siendo ellos cuatro, más el matrimonio propietario del velero, les quedaba una litera libre, pues había siete plazas en total. Me la ofrecían a mí porque les venía bien llevar a alguien que les hiciera el reportaje fotográfico, además de hacer labores ocasionales de cocinero, ya que admiraban la gastronomía española. Les remití todo lo que me pidieron: el título de patrón de embarcaciones escaneado, pues era recomendable saber navegar para hacer las guardias; un informe médico de siete páginas, para asegurarse de que no tenía nada que me inhabilitara; y el contrato de fletamento firmado. Me admitieron a bordo, y empezó la aventura más emocionante de mi vida.

Capítulo preliminar: los preparativos del viaje.

Preparar esta travesía nos llevó un año entero. Por una parte había que comprar el material, del que algunas piezas no se venden en España y tuve que encargarlas por Internet. Por otro lado, se nos entregó un listado de una veintena de libros, de los cuales la mitad eran sobre técnicas de navegación en temporales, y la otra sobre las expediciones polares; recomendaban estudiarse al menos dos tercios. Y finalmente, al ser alto el coste del contrato de fletamento, se nos facilitaba el pago fraccionado por trimestres.

La ruta: para comprenderla es bonito conocer ciertos datos orientativos. La población de Ushuaia, desde la cual partimos, al sur de Argentina, en la Tierra de Fuego, se encuentra a 55 grados de latitud sur. Aquí está el famoso Canal de Beagle y el Cabo de Hornos, que hay que cruzar. A los 60 grados comienza la *banquisa,* que es la región del océano donde se ven las primeras grandes plataformas de hielo (planas) y algunos icebergs (puntiagudos), arrancados de la Antártida por los vientos del sur, y arrastrados hacia el norte. Se quedan depositados en esta latitud, formando una especie de cinturón de asteroides alrededor del Polo. Pero en verano está todo derretido. A esta misma latitud se alcanza la Península Antártica. Y si viramos hacia el sur-oeste, a los 70 grados comienza el Mar de Ross, que desde el mes de abril hasta octubre permanece congelado (pues corresponde al invierno del hemisferio sur), y se empieza a descongelar después, alcanzando su punto más caluroso en el mes de febrero, que es cuando permite a los barcos llegar lo más al sur posible, a 78 grados de latitud, tropezando ya con el continente antártico. En esta parte de la costa antártica está la enorme Barrera de Ross, un muro de hielo entre 25 y 50 metros de alto, que sólo es franqueable por su extremo este, en la Bahía de las Ballenas, donde se estableció Amundsen, y por su extremo oeste, donde se estableció Scott. Este es, como digo, el lugar más cercano al sur geográfico al que se puede llegar por mar, por eso fue en este punto desde donde partieron las expediciones hacia al Polo. Cada diez grados de latitud son aproximadamente mil kilómetros, lo que significa que desde aquí, una vez saltas a tierra firme, hasta alcanzar los 90 grados del sur geográfico, todavía tienes una buena tirada caminando por el hielo. Amundsen tuvo que recorrer con sus trineos unos 1.300 kms, desde donde dejó su barco (78°) hasta el sur geográfico (90°). Esto le llevó, más o menos, un mes de ida y otro mes de vuelta; por lo que una expedición completa al Polo Sur, requiere disponer de unos tres meses, y de una enorme fortaleza mental.

Nuestra limitación consistía en que sólo disponíamos de 25 días. Y el factor más importante a tener en cuenta cuando haces la travesía en velero, es que tu velocidad depende del viento. Así las cosas, una vez cruzado el Pasaje de Drake, el llegar más o menos cerca del Mar de Ross lo decidiría la Madre Naturaleza. Las jornadas de navegación eran de 24 horas, pues también avanzaríamos por las noches haciendo las oportunas guardias; suponiendo que el aire soplara del sur-oeste, que es lo normal, a unos 30 nudos de media, calculamos que el velero alcanzaría velocidades de 10 nudos (unos 18 kms por hora); ello implicaba recorrer 430 kms diarios. Por desgracia la realidad resultó ser muy diferente: al segundo día nos quedamos sin viento, por lo que no pudimos llegar más allá del Archipiélago de Pálmer, a mitad de la Península Antártica. Por lo tanto, la ruta final fue la siguiente:

> Día 1. Partiendo del extremo sur de Argentina, en Ushuaia, Tierra de Fuego, cruzamos el Beagle Channel, a 55° de latitud sur, y llegamos de noche al Cabo de Hornos.

> Días 2 a 5. Cruzamos el Pasaje de Drake, navegando con los *"furious fifties"* (vientos rugientes que se encuentran al cruzar los 55°). Lamentablemente, amainó el viento y hubo que poner rumbo directo al Archipiélago de Palmer.

Días 6 a 20. Entrando entre las islas de Anvers y Brabant, y cruzando el canal de Neumayer, avanzamos unos 400 kms hasta alcanzar los 65° de latitud sur. A partir de allí regresaríamos parando en las sucesivas calas de la Península Antártica, donde se encuentran algunas bases científicas.

Días 20 a 24. Regreso al Cabo de Hornos, Beagle Channel, Puerto Williams, y llegada a Ushuaia.

El Tratado Antártico: normas para los viajeros.

Las actividades en la Antártida se rigen por el Tratado Antártico de 1959 y los acuerdos asociados. En 1991 se firmó el Protocolo Antártico sobre Protección del Medio Ambiente, que configura al continente polar como una reserva natural; de él derivan las Directrices IAATO para los visitantes (Asociación Internacional de Operadores Turísticos de la Antártida). En esencia, no se debe interferir con la fauna y la flora, ni afectar al paisaje, y hay determinadas regiones que son de acceso restringido. Se alerta especialmente sobre la existencia de grietas ocultas por la nieve, en caso de que vayamos a caminar por el hielo. Se advierte que no existen servicios de rescate, y sólo en puntos muy específicos hay refugios de emergencia. En www.iaato.org está la información específica para veleros. Se necesita un seguro especial que cubre daños medioambientales y eventual necesidad de búsqueda y rescate.

El número de visitantes al continente austral se ha disparado un 250% en la última década. De 13.000 turistas en 1998 se había pasado a 47.000 en 2008, y a partir de ahí ha permanecido estable. No obstante la industria turística está autorregulada, de manera que

prohíben atracar a barcos de más de 500 pasajeros, y tampoco pueden desembarcar grupos de más de 100 personas simultáneamente. Llegar en un simple velero, escapando de la industria, tiene, por eso, sus ventajas.

El material: los propios capitanes del *Spirit of Sydney* se encargaron de remitirnos una lista con el material mínimo que debíamos llevar. La ropa se ajustaba al clásico esquema por capas que utilizan los montañeros. Una primera capa es la de ropa interior, principalmente de lana de oveja merina. La segunda se compone de prendas sintéticas traspirables, al estilo de los forros polares que casi todos tenemos en casa. La tercera es la ropa de abrigo gruesa, que además tiene que ser impermeable para soportar las inclemencias de la cubierta del barco; por supuesto incluye cubrir bien la cabeza y las manos. Incluso convenía llevar tres capas de guantes: uno fino de lana, el intermedio de tejido sintético, y el exterior impermeable de *goretex*. Quizás lo más llamativo eran las botas plásticas para navegar, que aguantan temperaturas hasta 40 grados bajo cero, y los guantes criogénicos para manejar los cabos si se forma escarcha.

Sobre esto de la vestimenta, cualquier aficionado al esquí o al alpinismo sabe que los materiales han evolucionado admirablemente en la última década; las prendas abrigan mucho pesando poco, y traspiran muy bien. Uno de mis proveedores había suministrado artículos a la tripulación del Buque Oceanográfico Espérides, y me hizo un comentario definitivo: *"Mira muchacho, con las prendas que se hacen hoy en día, te garantizo que en el Polo Sur te podrás morir de cualquier cosa, pero no de frío."*

En cuanto a los accesorios, son imprescindibles unas gafas especiales para evitar la ceguera del hielo; su protección ultravioleta es el doble de las que se utilizan para esquiar en la nieve. También es fundamental la brújula y un GPS individual, por si se abandona el barco. Y dado que en la cubierta del velero llevábamos kayaks para pasear por las calas, sumé a mi equipaje el traje húmedo de neopreno de invierno (otra opción era utilizar los denominados *trajes secos*).

Finalmente, en las cláusulas del contrato de fletamento se hacía mención a ese pequeño factor de riesgo, que motiva la recomendación de leer los libros sobre navegación en temporales, así como los de supervivencia en el Polo. Un cambio en las condiciones climatológicas, que pille de sorpresa estando en un punto alejado del viaje, o un boquete importante en el casco acorazado del velero por colisionar con hielo, o cualquier otro tipo de imprevisto, puede hacer que uno se vea retenido allí mucho más tiempo del calculado, y dado que el mes de febrero es el último del verano austral, ello significa que existe la posibilidad de tener que enfrentarse a la estación de las bajas temperaturas invernales, pues no llegan hasta allí los posibles servicios de rescate. En ese caso, hay que saber construir un refugio, alimentarse de la fauna, y quizás elaborar ropas de abrigo con las pieles de las focas. Para todo esto, depende de cada uno el incluir en el equipaje un buen cuchillo, ropa de refuerzo, o cualquier elemento que se pueda considerar de utilidad, siempre dentro de la limitación de espacio impuesta por el reducido tamaño del velero. A esto yo añadí mi equipo de fotografía. Y dado que mi cumpleaños tendría lugar en plena travesía, me tomé el capricho de llevar una bota de vino llena de orujo de hierbas, y algún otro detalle para sorprender a los compañeros, así como ciertas especias para mis labores de cocinero.

Dicho esto, puedo dar fe de que una de las mejores maneras de disfrutar de este viaje es leer los libros sobre las hazañas de los expedicionarios. Para tener una orientación sobre el tema, he añadido al final de los relatos un resumen con lo más relevante.

Fin de los preparativos. ¡A navegar!

Reflexiones y emociones

Son tantas las emociones que tengo todavía apelmazadas en mi cabeza que, francamente, no sé cómo empezar a escribir este relato. De hecho, cuando el 5 de marzo de 2013, ya de regreso en Ushuaia, mandé a mis seres queridos un correo titulado *"Sano y salvo"*, les trasladé, precisamente, que me sentía un poco raro, con la mente llena de sensaciones extrañísimas, como si hubiera vivido una experiencia extra planetaria. Ha pasado más de un mes, y sigo pensando que me va a llevar un tiempo considerable asimilar todo lo que he experimentado en aquel lugar tan remoto.

Desde luego puedo asegurar que este viaje ha sido algo totalmente diferente de cualquiera de los anteriores. Para empezar, nunca me lo planteé como unas vacaciones, sino como un desafío: Si lograba llegar a la Antártida, me aseguraba el poder alcanzar cualquier rincón del planeta.

Antes de partir escribí que no me gustaría llegar a los 80 años quedándome con la duda de saber qué encontraría uno en aquellas latitudes híper australes. Ahora quedo tranquilo, una vez que mis ojos han contemplado lo que hay en el fin del mundo. Puede parecer algo irracional; de hecho estoy convencido de que es poco sensato emprender un viaje hacia el hielo. Pero, como dicen los poetas, *el corazón tiene razones que la razón no entiende*, y los humanos, además de sensatez, tenemos también una faceta emocional. Y el hecho es que yo, ahora, tengo esas emociones en su mayor estado de plenitud, por lo que supongo que, en cierto modo, sí ha podido tener su lógica emprender esta aventura, y desde luego ha sido un ejercicio de coherencia con mis más profundos sentimientos. Créanme que mi sensación de superación ha sido absoluta, y si esto me ha hecho sentir tan bien, será porque la empresa ha sido, en el fondo, una buena idea.

Dicho esto, cuando alguien me pregunta qué tal me ha ido el viaje, estoy respondiendo con la mayor objetividad posible: llegar al hielo es fascinante, y se ven cosas maravillosas; pero la travesía hasta alcanzarlo es realmente incómoda, y puede ser una verdadera pesadilla para el que no esté acostumbrado al mundo de la navegación. De manera que si alguien tiene intención de ir, prefiero quitarle la idea de la cabeza. Nosotros hemos tenido una suerte inusual con el tiempo, y aun así vivimos jornadas que a más de uno le hicieron pasar miedo. No quiero ni pensar cómo puede ser aquello cuando se desatan las tempestades, y eso es algo que ocurre con frecuencia, y a veces sin previo aviso.

Otra cosa interesante que he descubierto en este viaje, es que la Literatura es completamente incapaz de transmitir las sensaciones extremas, tanto las buenas como las malas. Por ejemplo, cuando narre lo que sentí cuando cruzamos el Cabo de Hornos, en que nos pilló un vendaval, puedo asegurar que ninguno de los lectores será capaz de experimentar ni la centésima parte de lo que realmente vivimos nosotros en el velero. De la misma manera, por muy hermosas o emotivas que sean las palabras que encuentre, apenas podré trasladarles la satisfacción que sentí cuando visitamos la estación ucraniana en medio de una nevada nocturna, o al contemplar un atardecer en medio de un cementerio de icebergs.

Esto es importante, porque ahora interpreto de otra manera los libros que había leído durante este año sobre las hazañas de los exploradores. Para empezar, pienso que *El Peor Viaje del Mundo*, que narra la tragedia de la expedición de Scott, es el más objetivo al describir la dureza del Polo. De hecho, el propio autor, en la introducción, se queja de que al leer el diario de Amundsen (no le cita expresamente pero se sobreentiende) parece que conquistar el Polo Sur fue una tarea fácil, cuando la realidad es que aquellos noruegos sufrieron lo que no está escrito. Pero lo crucial es mi insistencia en que, ni siquiera narrando la tragedia, puede uno hacerse una idea de lo que sintieron esos hombres en esas condiciones. Honestamente, me es imposible imaginar a tres

14

exploradores yendo a buscar huevos de pingüino *Emperador* en pleno invierno austral, durmiendo en una simple tienda de campaña a 50 grados bajo cero, con ventiscas, con el saco de dormir congelado, y sin calefactor ni comida caliente. Traté de ponerme en esa situación cuando nos cayó una nevada en la estación británica, a dos grados bajo cero...; pero me fue imposible imaginar temperaturas tan bajas y, sobre todo, el entorno de desesperación en que sucedió aquello. Sencillamente es un nivel de sufrimiento que no se puede describir.

Así las cosas, escribiré lo mejor que pueda centrándome en transmitir sensaciones, pero aviso que quedará un amplio margen para que sea la imaginación del lector, y su capacidad para emocionarse, lo que finalmente le dé una idea remota de lo que experimenta un ser humano en la Antártida.

He tardado tres horas en escribir tan sólo esta página y media...; ya digo que no sabía muy bien por dónde empezar a ordenar mis impresiones.

La llegada a Ushuaia

Cuando llegué a Ushuaia la tarde del 6 de febrero de 2013, hacía un día soleado. Me encantó ver esta pequeña ciudad junto a las aguas del Canal de Beagle, al pie de unas montañas escarpadas. A pesar de ser el final del verano, en lo alto de las cumbres aún había algo de nieve y algunos glaciares, cuya blancura daba un contraste precioso a toda la imagen.
Es la capital de la Tierra de Fuego, ese gran islote que se ve en el mapa al sur del continente americano, y cuyo territorio se reparten Chile y Argentina. El Estrecho de Magallanes es el que separa la isla del continente; y por el sur, donde está Ushuaia, discurre el

Canal de Beagle, que la separa de la isla de Navarino y el pequeño archipiélago del Cabo de Hornos.

Con sus 75.000 habitantes, es lugar de veraneo y de paso de excursionistas, lo que le da un aspecto animado, repleto de tiendas, restaurantes, y algún pub de copas. Su puerto estratégico, conectando el Atlántico con el Pacífico, constituye su otra gran fuente de ingresos.

Me hospedé en la Hostería Las Américas, pequeña pero muy acogedora. Una opción más céntrica, y más cara, es el gran Hotel Albatros. Junto a él encontré la Oficina de Turismo, donde me hice con un mapa de senderos para subir a uno de los glaciares a la mañana siguiente. Y de haber tenido tiempo, vi que otra buena actividad era la excursión de día entero por el Parque Nacional de la isla. También me acerqué a una librería excelente que encontré en la misma manzana del Albatros, repleta de libros sobre la Antártida y la Patagonia, donde me hice con un par de mapas: uno del Polo Sur, y otro más detallado de la Península Antártica.

Aproveché el resto de la tarde para pasear por todo el poblado, y a última hora bajé al paseo marítimo, para ver el ir y venir de los barcos. Entonces empezaron a soplar unas rachas de viento muy fuertes y empezó a notarse el frío. Por un momento, ese sentimiento de relax que había tenido hasta entonces, se mezcló con otro de temor; fue inevitable pensar que esas rachas de viento, navegando en un velero, debían imponer cierto respeto. Ni siquiera habíamos empezado el viaje, y ya estaba sintiendo el escalofrío de esos demonios marinos que le susurran a uno por el cogote…

Para ahuyentar temores, y dado que empezaba a anochecer y a refrescar, me fui a cenar algo ligero en un bar, y sobre todo a celebrar mi llegada con una excelente cerveza *Beagle*, que es la que elaboran artesanalmente los lugareños. Estaba todo muy concurrido de gente, de manera que me animé a continuar la noche en el *Pub Irlandés,* que me recomendó la dueña de la librería. Me gustó porque lo frecuentaba tanto la población de Ushuaia como los excursionistas y extranjeros. Allí no tardé en conocer a un chaval austríaco, que se me acercó por curiosidad al ver mis mapas; le pareció increíble que me fuera a marchar navegando al Polo, cuando para él ya era todo un reto recorrer la Patagonia, como estaba haciendo. Nos lo pasamos bien tomando cervezas y practicando nuestro inglés.

Por la mañana, tal como tenía planeado, madrugué para subir al *Glaciar Martial*, que es el mayor de los que se ve en lo alto de la ciudad. Se encuentra sólo a 800 metros de desnivel, de manera que se puede llegar a él y regresar en unas cinco horas. El sendero es muy bonito, pues discurre a lo largo del arroyo que se crea con el deshielo. Al principio se atraviesa un bosque de coníferas, donde hay un café muy acogedor escondido entre los pinos; muy cerca se ve la estación de esquí de invierno; y después se pasa a un terreno pelado con el camino de grava. El glaciar en sí no es gran cosa, pero ofrece bonitas vistas de todo el Canal de Beagle y Ushuaia.

De regreso a la ciudad, comencé la ruta de los museos. En primer lugar entré en la Oficina Antártica que hay junto a la Oficina de Turismo. Es pequeña, pero cuenta con unos carteles que contienen explicaciones muy claras sobre el océano polar y su fauna. Allí nos cuentan cómo entre los 56 y los 63 grados de latitud, el agua fría del Océano Glacial Antártico, que fluye hacia el norte y tiene mayor peso específico, se sumerge al chocar con las aguas más tibias formando lo que se llama la *Convergencia Antártica*, un cinturón muy rico en fitoplancton y krill, que es el alimento de pingüinos, focas, ballenas y albatros. También nos resumen algo de Historia: explican que en los siglos XVI y XVII los navegantes que se acercaron por allí sólo buscaban abrir rutas comerciales del Atlántico hacia el Pacífico; mientras que en los siglos XVIII y XIX fue la explotación ballenera el principal interés. Después vino la época gloriosa de las exploraciones, con Amundsen conquistando el Polo. Y en 1959 el Tratado Antártico puso fin a todas las actividades económicas, y los países firmantes renunciaron a sus derechos de soberanía; fue entonces cuando proliferaron las bases científicas, que era lo único permitido por el Tratado. En cuanto a la fauna, se muestran en los carteles las 17 especies de pingüinos, de las que sólo 3 son capaces de reproducirse más al sur de los 65°. El pingüino *Emperador*, con sus 90 cm de estatura, es el más grande, y también constituye el animal más resistente al frío de todo el planeta. Por su parte, el pingüino *Adelia*, de unos 50 cm, es el más abundante en el Polo, con 50 millones de ejemplares. Siguiendo con las aves voladoras, se describe el hábitat del *petrel*, muy abundante en las islas Shetland del Sur, la *paloma antártica*, y el enorme *albatros*, que vuela incluso en las aguas abiertas del Pasaje de Drake. En cuanto a las ballenas, es interesante conocer su ciclo migratorio: pasan el verano austral (de noviembre a febrero) en la Antártida, y después avanzan hacia el norte. La mayor de ellas es la ballena *Azul*, con sus 30 metros; le sigue la cantarina ballena *Jorobada*, con su característico morro verrugoso; y también es fácil topar con las *Orcas* y algunos cachalotes. A esto se unen 5 especies de focas. Y, para los poco entendidos, no está de más recordar que en el Polo Sur jamás han existido los osos polares, y tampoco hay morsas.

A continuación me acerqué al Museo del Fin del Mundo, que es el que contiene la historia de la ciudad y un poco de etnografía. Tiene una gran sala dedicada a los primitivos pobladores *Yaganes*, que eran aquellos indígenas de los que hablaba Charles Darwin en su diario. Eran pescadores, cazadores y recolectores; no sabían cultivar la tierra. Precisamente fueron ellos los que llamaron a su puerto Ushuaia. La ciudad actual fue fundada mucho más tarde, a finales del siglo XIX, siendo uno de sus principales intereses su Centro Penitenciario.

Visto esto, me dirigí a la calle San Martín, que es la arteria vital de la población, y me pegué un buen banquete en uno de los restaurantes de carnes a la brasa, que tanto abundaban, para disfrutar de la excelente carne argentina en mi última noche antes de zarpar. Las marisquerías con centollos es otro de sus manjares típicos; y también son frecuentes las pizzerías y chocolaterías, muchas de ellas reflejo de la inmigración italiana que llegó a tropel en la Segunda Guerra Mundial.

Los capitanes del barco nos habían citado por la mañana a las 9:30, de manera que, una vez terminé de cenar, contuve mi tentación de pasar por el *Pub Irlandés* y fui directo a dormir.

El *Spirit of Sydney*

Estaba atracado en el Club Náutico Affasyn, que era un modesto muelle con apenas media docena de veleros, más otros tantos que andaban fondeados por los alrededores. Llegué media hora antes de la cita porque me apetecía contemplar y fotografiar el navío con intimidad, antes de conocer al resto de los tripulantes y que empezara todo el ajetreo de las presentaciones.

Vislumbrar el *Spirit* me generó dos impresiones opuestas: por un lado lo encontré decepcionantemente pequeño, a pesar de sus 15 metros de eslora, cuatro más que los veleros en que había navegado anteriormente. Pero por otro lado, lo vi tan lleno de aparejos, y tan machacado por el tiempo, que tuve la sensación de encontrarme ante un veterano de las travesías polares…; un viejo lobo de mar, experimentado, que transmitía esa sensación de seguridad que dan los años. Estaba dotado de 3 velas: la mayor, la génova y el foque. Lo que más llamaba la atención en la proa, eran los 4 kayaks que tenía firmemente atados sobre la cubierta. En la botavara lucía el nombre del velero. Y en la popa, lo más llamativo era la carlinga transparente que protegía del viento y el agua al que manejaba el timón; sería imposible, o un acto de masoquismo, navegar por estas regiones sin ella. Por lo demás, destacaban sus dos molinetes eólicos para generar la electricidad, y un gracioso cordero desollado atado al palo de la antena del satélite.

Sin ver a nadie por allí, me animé a subir a bordo, y entonces curioseé la cubierta tratando de localizar los cabos principales para manejar las velas. Había tantos que me hice un lío descomunal en la cabeza. Pero al meterme en la carlinga, que era desde donde se gobernaba el barco, comprobé que no debía ser yo el único que no se aclaraba mucho con el tema, pues descubrí con gracia que cada uno de los múltiples caza-escotas tenía escrito el nombre de su función.

En ese momento me sorprendió una joven que salió del interior y dijo al instante mi nombre. Intuyó que yo era el español, y acertó. Se presentó como Julie, de nacionalidad francesa, y añadió que era uno de los capitanes. Aquello me dejó muy desconcertado, pues no tenía noticia de que hubiéramos embarcado a ninguna francesa; y la cosa fue a más cuando me presentó a Antoine, otro jovencito francés, que era el segundo capitán. Ella tenía 23 años y él 24, y sólo de ver sus manos saltaba a la vista que eran marineros de nacimiento, de esos que llevaban toda su vida navegando. Al instante me ayudaron a meter el equipaje en el camarote, y me dejaron un rato a solas porque tenían que hacer faenas hasta que llegara el resto del grupo. Me vino de perlas para explorar todo el interior del barco. Fue entonces cuando me percaté de lo que significaba contar con cuatro metros más de eslora, pues comparando con los otros dos veleros en que había estado, éste resultaba notablemente más espacioso. Eso sí, para alojar a 7 personas durante 25 días, no dejaba de ser como llevar sardinas en lata. Avanzando de proa a popa, primero había un camarote con 4 literas, junto a una gran bodega donde se recogía la cadena del ancla; después estaba la cocina, sorprendentemente estrecha, y donde me hizo gracia ver que los fogones y el horno estaban suspendidos para poder bascular con el vaivén del barco y que no se cayeran las cosas; allí mismo había una placa clavada, donde se leía que el *Sprit of Sydney* fue botado por el mismísimo Presidente de Australia en 1985, y su misión fue participar en la regata de la Vuelta al Mundo de Vela al año siguiente. A continuación estaba el salón, que era una mesa en forma de U, alrededor de una estufa, donde permanentemente se colocaba una tetera para que tuviera siempre agua caliente; enfrente estaba la cabina del capitán, con la pantalla del ordenador, el radar, la radio, y otros aparatos; y ya en la popa, había un pequeño baño y otras 3 literas, junto a la mecánica del motor.

Según terminé de tomar algunas fotos, llegaron el resto de los tripulantes y empezaron las presentaciones. Eran todos australianos: Jackie, una mujer experta en kayaks; su novio Gary, de profesión minero, y también adicto al kayak; Don, el más mayor de todos, que era el único que tenía su propio velero, siendo sin duda el más experimentado; y Craig, ingeniero de minas, de mi misma edad, chico simpático hasta la médula.

Lo primero que hicimos fue repartirnos las literas: en las de popa se ubicaban los dos capitanes y Don, y en el camarote de proa nos apañamos los otros cuatro. Dado que Craig pesaba más de cien kilos y yo poco más de sesenta, estuvimos de acuerdo en que lo sensato era que yo durmiera en la litera superior; evidentemente era más incómoda, por el trajín que implicaba subir y bajar, pero el riesgo de que Craig se precipitara desde lo alto, era algo que no podíamos asumir. Estibar allí el equipaje fue algo sencillo, pues dada la estrechez del espacio, no podíamos deshacer las maletas, sino que la mayoría de la ropa permanecía en los bolsones, y cada día sacabas sólo lo imprescindible. Una vez tuvimos todo listo, nos reunimos en la mesa del salón y los capitanes nos dieron el discurso de bienvenida y todas las instrucciones.

Para empezar, nos sacaron de dudas sobre el asunto de los capitanes: todos suponíamos que el barco lo iban a gobernar los oceanógrafos australianos, Cath y Darrel, que eran los propietarios, y con los que nos habíamos estado comunicando a lo largo del año para los diversos preparativos. La realidad era que habían ampliado su negocio comprando un velero nuevo, el *Icebird*, que estaba también allí atracado, de manera que el *Spirit* lo habían encomendado a los franceses. El inconveniente era privarnos de la experiencia de unos veteranos míticos, pero la enorme ventaja estaba en que ellos seguirían una ruta similar a la nuestra dos días después, llevando otros tripulantes, con la tranquilidad que brindaba el saber que llevábamos un buque escoba. Siendo rigurosos, el contrato de fletamento en ningún apartado especificaba quiénes eran los capitanes, así que lo aceptamos y punto. Después nos describieron los modernos instrumentos con que contaban, dejándonos claro que navegar en el siglo XXI tenía poco que ver con hacerlo en el XIX: la pantalla del ordenador estaba permanentemente ocupada con la carta náutica por GPS, que nos señalaba nuestra posición y rumbo en todo momento (lo que se llama el *plóter*), y con el parte meteorológico. Además se tenía siempre encendido el radar, la radio, y los otros medidores habituales, como la sonda que medía la profundidad, y el anemómetro para la velocidad y dirección del viento. Las comunicaciones por radio, ya fuera con las estaciones costeras o con otros veleros, eran muy frecuentes, de modo que estaríamos siempre localizados, aunque algún día pudiera suceder que el barco más cercano lo tuviéramos a doscientos kilómetros. Nos indicaron dónde estaban los extintores, el bote salvavidas, y el gran instrumento de la modernidad: una baliza que, en el peor de los casos, al ser accionada enviaba una señal vía satélite a todas las estaciones navales del hemisferio sur, indicando tu posición exacta para facilitar el rescate; estaba precintada para evitar que se pulsara por error. Nos advirtieron que el motor del barco era una auténtica cafetera, dados sus años, pero la mayor parte de la navegación se hacía a vela, así que no importaba gran cosa. Y nos quitaron de la cabeza las leyendas de barcos hundidos y volcados, asegurando que era prácticamente imposible que eso le sucediera al *Spirit*, por razón de su diseño; lo cual no quitaba para que las tormentas fueran experiencias realmente desagradables a bordo.

Las normas a bordo, y a zarpar

Dicho esto, se centraron en el asunto de la disciplina: convivir 7 personas durante 25 días en un espacio de unos 20 metros cuadrados, requería mucha organización. Ser ordenado era fundamental; cualquier objeto debía estar siempre bien estibado para evitar que saliera despedido si el barco se tambaleaba. Si nos cruzábamos en el estrecho pasillo, aquél que se dirigía hacia la cubierta tenía prioridad de paso sobre el que entraba. El baño debía quedar siempre impecable después de usarlo; era un pequeño rincón donde apenas se cabía de pie, que incluía la taza, el lavabo, y un grifo extensible que hacía de ducha. Además nos enseñaron uno a uno a bombear el agua en la taza y evacuar su contenido después; cada vez que se utilizaba había que accionar la bomba unas 20 veces…, y asegurarse de cerrar luego la llave de paso para evitar que se inundara con el agua del mar. La limpieza de la cocina estaba organizada por turnos diarios en un cuadrante pegado en la pared: una pareja se encargaba de fregar tras el desayuno y la comida, y otra tras la cena; y con cierta frecuencia se limpiaban también los habitáculos y la cubierta del barco. De las comidas se encargaban los capitanes franceses, excepto los días que me encomendaron a mí la función, para disfrutar de las delicias de la gastronomía española. Y finalmente llegaba el asunto de las guardias para los días de navegación: desde que se partía de Ushuaia hasta que se llegaba a la Antártida se avanzaba sin pausa, lo que implicaba navegar también de noche haciendo turnos. Estas guardias duraban 4 horas, se descansaba 6, se regresaba otras 4, dormías otras 6, y así sucesivamente durante los días que durara la travesía. Se hacían por parejas, pero solapándonos cada dos horas; es decir, que las dos primeras las hacías con un compañero, y las dos últimas con otro; esto tenía la ventaja de que siempre había uno más descansado, y se hacía más ameno. La seguridad era rigurosa: nadie podía salir a cubierta sin llevar antes puesto el chaleco salvavidas, de modo que te lo ponías en el camarote como si fuera una más de tus prendas. Y una vez pasabas por la escotilla de popa para subir, lo primero que sucedía era que uno de los compañeros de guardia te daba un arnés para atarte. Con ello resultaba que en la cubierta siempre estábamos sujetos con el arnés, pues el mayor peligro en alta mar era el de caerse por la

23

borda. Entretanto, uno de los capitanes también estaba siempre de guardia, pero no en la cubierta, sino abajo en la cabina, para atender el GPS, la radio y el radar.

Estas fueron las instrucciones de bienvenida. Por supuesto se impartieron todas en inglés, y por fortuna logré entender la mayoría, aunque fue inevitable perderme algunos detalles que me generaron pequeñas incomodidades (por ejemplo tardé en enterarme de que llevábamos 90 litros de cerveza a bordo).

A continuación salimos del barco, porque nos teníamos que dirigir a la Prefectura Naval de Ushuaia para que tomaran nota de nuestros pasaportes, mientras un inspector chequeaba el cargamento y la seguridad del velero. Aquello llevó una mañana entera, lo que aprovechó Craig para comprar una botella de whisky, a la par que los demás nos metimos en un bar para celebrar la despedida de la ciudad.

De regreso al muelle, nos acercamos a echar un vistazo al *Icebird*, que resultó ser un velero imponente y precioso. De hecho, no dudaría en embarcarme en él para futuras travesías, siendo probable que el *Spirit of Sydney* lo den pronto de baja. Al entrar en la cabina del *Spirit*, resultó que los capitanes nos tenían preparada una excelente comida. Así que almorzamos, y por fin nos echamos a la mar despidiéndonos de Ushuaia.

En pie todos en cubierta, en esta tarde del 8 de febrero, fuimos perdiendo de vista el puerto conforme nos adentrábamos en el Canal de Beagle con las velas desplegadas. Por la popa veíamos la ciudad en miniatura bajo un cielo de nubes y claros; a babor y estribor, nos flanqueaban las montañas del canal; y en la proa…, se divisaba un horizonte totalmente gris, que a todos nos hizo sospechar que, en breve, viviríamos un panorama mucho menos apacible que el que estábamos disfrutando. Por momentos veíamos grupos de delfines que se acercaban al casco, y en los islotes del camino abundaban los cormoranes.

A Craig y a mí nos tocó la primera guardia; a él de 8 de la tarde a 12 de la noche, y a mí desde las 22 hasta las 2 de la madrugada. En cuanto se puso el sol, los demás se metieron en la cabina porque empezó a refrescar. Nosotros dos nos sentamos en un púlpito elevado que había detrás del timón, que era el puesto de guardia mientras no lloviera. Allí, entusiasmados, aprovechamos para charlar y conocernos poco a poco. Tuve la suerte de que Craig compartía conmigo la afición por la fotografía; de hecho llevaba un equipo muy parecido al mío. A todos nos hizo gracia que su novia le hubiera regalado un curioso aparto de GPS que dejó atado todo el viaje sobre la carlinga; se trataba de un emisor que cada diez minutos lanzaba una señal vía satélite con nuestra posición, de modo que su novia podía ver dónde estábamos en cada momento desde el ordenador de su casa. Las dos primeras horas con mi compañero se me pasaron volando. Entonces él marchó a dormir y le sustituyó Jackie. Ya se sabe que las mujeres hablan por los codos, cosa que durante las guardias se agradece sobremanera. Además su acento inglés era el que mejor entendía, lo que me vino muy bien para practicar. Para ella este viaje era algo muy especial, pues su novio Gary, con el que acababa de empezar una seria relación, se lo había propuesto para que supusiera un punto de inflexión en sus vidas. Era algo parecido a su luna de miel.

Por momentos veíamos estrellas brillando en el firmamento. Pero la mayor parte del tiempo estaba todo cubierto de nubes, y el horizonte se veía negro como la boca del lobo.

El Cabo de Hornos.

A veces, cuando todo se presenta en calma, y la vida parece discurrir por un camino de rosas, ni por un momento imaginamos que se está gestando el azote de una tempestad, como si el destino, caprichoso e impío, disfrutara ensañándose con la vida de los humanos, siendo inadmisible concedernos demasiado tiempo de paz.

Cuando terminé mi guardia, a las 2 de la madrugada, soplaba poco más que una brisa y las aguas eran planas como en un estanque. Las montañas del Canal de Beagle nos protegían de los vientos del sur, con lo cual la navegación había sido una delicia. Apareció Gary para relevarme, me despedí de Jackie, bajé por la escotilla, llegué al camarote, todo a oscuras, me quité la ropa, escalé a mi litera, me metí en el saco de dormir, y me quedé mirando al techo porque las emociones del día no me dejaban dormir.

Fue entonces cuando se desataron las fuerzas del infierno: apenas habían pasado veinte minutos cuando, coincidiendo con que el barco abandonaba el Canal de Beagle, nos embistió de súbito un golpe de mar y viento que empezó a tambalear el navío. Llevando nosotros rumbo sur, todo el azote arremetió desde el oeste, con lo cual nos pilló de lleno por el costado de estribor. Ya sin la protección del canal, habíamos llegado a las aguas abiertas del proceloso Cabo de Hornos. Es aquí donde insisto en que, por mucho que me empeñe, me temo que la Literatura es completamente incapaz de describir una situación tan extrema. Por de pronto me vi obligado a agarrarme con firmeza en mi litera, porque el barco estaba totalmente escorado, haciéndome rodar hacia afuera; también sufríamos el vaivén de la proa, que con cada ola se elevaba por los aires para desplomarse después, haciendo que todo se revolviera en el interior del habitáculo. Mi bolsón del equipaje se desplazó por el suelo hasta quedar arrinconado; en la cocina y en el salón se escuchaban algunos trastos salir volando, a pesar de las precauciones al estibarlo; por la escotilla del camarote veía cómo la espuma de las olas se derramaba por la cubierta; y, junto con el silbido tenebroso de los vientos y las olas, se escuchaban los pisotones de los capitanes, que rápidamente habían subido para arriar las velas y gobernar el timón como pudieran. La situación resultó sencillamente caótica. Craig, desde la litera de abajo, se lamentaba de los pobres compañeros que les acababa de tocar la guardia.

Una vez controlado todo arriba, vimos que Julie entraba a toda prisa en nuestro camarote para desplegar las mallas laterales protectoras que tenían nuestras literas, y que no se acordó de decirnos ni dónde estaban ni que existían. La chica tuvo que hacerlo todo a oscuras, con su linterna frontal, y el barco tambaleándose de un lado para otro; resultaba admirable ver el aplomo y la rapidez con que se desenvolvía. Después regresó a cubierta para seguir capeando el temporal con Antoine.

En esencia, al desplegar la malla lo que sucedía era que dormías prácticamente atado. Pero ni que decir tiene que, en esas condiciones, no pegué ojo ni por esas. En realidad no tenía la más mínima intención de dormir, sino todo lo contrario; quería experimentar hasta el último momento de aquel episodio, pues, a fin de cuentas, no todos los días tenía uno la ocasión de descender al infierno. En medio de la oscuridad, no podía sino centrarme en los sonidos: percibí que el viento no era continuo, sino que a veces surgían rachas más violentas, con un silbido agudo, para después retornar a un ritmo fuerte que hacía vibrar todo el aparejo metálico del velero. También se escuchaba el crujir de la madera que revestía el interior del casco, así como el indómito impacto de las olas contra la parte externa. Dado que mi litera estaba a nivel del agua, en ocasiones sentía el golpe de los rompientes junto a mi cabeza, y casi parecía que el agua hubiera reventado el caso introduciéndose en el camarote. Tal era la sensación de caos, que me dio la impresión de que el velero era como una cáscara de huevo metida dentro de una lavadora. Pero, lejos de sentir miedo, confiaba plenamente en la profesionalidad de los capitanes.

Hora tras hora, pensé que en cualquier momento sonaría mi alarma para el siguiente turno de guardia, sin haber pegado ojo. Empecé a planear cómo tendría que hacer para vestirme de nuevo con todo aquel movimiento…; y sobre todo, era fundamental tomarme la pastilla contra el mareo. Entonces sonó la alarma de Craig, con lo cual ya sabía que aún quedaban dos horas para que sonara la mía.

El pobre chaval tardó un buen rato en vestirse y salir a cubierta, con el agobio de saber que era imprescindible la puntualidad en los turnos; yo tomé nota, y decidí que empezaría a vestirme diez minutos antes de lo que calculé en un principio. Cuando vi entrar a Jackie, que regresaba de la cubierta, contemplé cómo su silueta se desplomó sobre su litera de puro agotamiento, y se quedó allí sin ni siquiera desnudarse.

Al fin sonó mi alarma. El barco seguía fuertemente escorado, pero parecía que el viento, siendo intenso, al menos ya no era racheado, ni el oleaje tan incómodo. Comencé mis malabarismos para vestirme, salté de la litera agarrándome con firmeza a todas partes, me tomé mi pastilla de *Biodramina* para prevenir el mareo, me puse a duras penas el chaleco salvavidas, caminé todo lo largo del pasillo hasta la popa, tarea difícil con el velero tan inclinado, y nada más abrir la escotilla de la cubierta los compañeros me entregaron el arnés. Ya sólo estaba de guardia uno de los capitanes, lo que significaba que todo había vuelto a una normalidad aceptable. De nuevo a solas con Craig, comentamos los pormenores de la experiencia; ninguno de los dos habíamos dormido. Me dijo que Gary, al cual le había tocado tragarse todo lo malo, se había pasado la guardia vomitando y tenía un aspecto demacrado, con la cara blanca como un cadáver. Según me lo contaba, yo sentía que mis tripas también se me estaban revolviendo. El oleaje seguía siendo bastante fuerte y no hacíamos más que pegar botes. Pero al menos yo estaba bien abrigado, mientras Craig se estaba helando de frío, y eso que estábamos al cobijo de la carlinga. Se suponía que teníamos que estar pendientes de posibles luces de otros barcos en el horizonte, pero era francamente difícil distinguir nada en esas condiciones. Era tal nuestro cansancio que apenas mediábamos palabra, a diferencia de lo animada que había sido la guardia anterior. Realmente, la situación era un tanto lamentable. Y pasada una hora, no pude contener mis ganas de vomitar, a pesar de la *Biodramina*, y lo eché todo por la borda. Craig hizo lo mismo poco después; fue como una reacción en cadena. Pero al menos nosotros nos quedamos muy aliviados con ello, pues no nos daba tanto el clásico mareo de cabeza, sino el de estómago.

Cuando al cabo de dos horas regresó Jackie para relevar a Craig, me encontraba agotado. Estaba sentado junto al timón dentro de la carlinga, y la cabeza se me caía por momentos de puro sueño. Jackie me dijo que durmiera si podía, que ya se encargaba ella de vigilar el horizonte. Pero era imposible dormir con el movimiento del barco. La sensación de tener el cuerpo machacado, unida a la de no poder echar una simple cabezada aunque lo intentes, y el saber que aún te quedan dos horas por delante, es algo desesperante. Además tuve presente que esa situación podría prolongarse durante todos los días de la travesía hasta que llegáramos al hielo, pues estábamos cruzando ya el Pasaje de Drake, que se caracterizaba por este tipo de vientos. En esos momentos empecé a ser consciente de la entereza física y mental que requería un viaje de estas características, y daba vueltas a los motivos que me habían hecho embarcarme en una experiencia tan propia de masoquistas. Era evidente que uno no acudía al Polo Sur buscando monumentos históricos, ni tribus ancestrales, ni selvas, ni playas paradisíacas donde descansar tomando el sol, como había sucedido en mis anteriores viajes. A la Antártida se iba por pura tozudez, animado por un fuerte deseo de superación…; como quien decidía escalar el Everest, correr una maratón, o cruzar nadando el Canal de La Mancha. No se trataba de algo racional sino emocional; pero el caso era que a mucha gente le daba por asumir estos esfuerzos y riesgos. Y es que uno se empeña en sufrir lo que haga falta con tal de cumplir su sueño, y, lo más curioso, es que al final siempre vale la pena. Todo esto lo meditaba para darme ánimos, en medio de un estado mental nebuloso, entre el sueño y la vigilia, donde sólo deseaba que pasara de una vez el tiempo para poder desplomarme en mi litera, pues me encontraba patéticamente agotado. La hora llegó, y como no hay mal que por bien no venga, el cansancio extremo sirvió para que me quedara dormido al instante a pesar de la inclinación del velero.

Cruzando el Pasaje de Drake (I)

A la mañana siguiente comprobé que los libros de navegación en tempestades tenían razón: decían que la mejor manera de no marearse era estar tumbado en la litera con los ojos cerrados, y que una vez logras dormir, el cerebro suele adaptarse al balanceo. Efectivamente, cuando desperté no sentía el más mínimo mareo, hasta el punto de que no tomé más pastillas. Me centré en beber mucha agua, y comencé a vestirme para mi siguiente guardia.

Esto de vestirse era todo un ritual. De hecho, casi todas las tareas cotidianas que resultaban sencillas en tierra firme, en el barco se volvían complicadas. Para hacerse una idea, dormir en la litera era como estar dentro de un ataúd, pues el techo del camarote lo tenía a dos palmos de mi cara. En esa situación, según sonaba mi alarma, primero tenía que abrir la cremallera del saco para salir de él; a continuación tanteaba con la mano por las bolsas de los laterales para buscar el primer par de calcetines de lana fina; una vez puestos, le tocaba el turno a las mallas de lana de oveja merina y a la camiseta; a continuación me ponía la segunda capa de ropa, que era la del pantalón y el jersey de *polartec*, junto con el segundo par de calcetines gruesos. Todo esto lo hacía tumbado en la litera. Entonces llegaba la hora de la arriesgada operación de saltar al suelo, que no era fácil porque estaba desplegada la malla lateral protectora, de manera que me tenía que escurrir por el angosto hueco que había por donde tenía los pies. Además debía acompasar mis movimientos con el balanceo del barco para no caerme. Una vez en el suelo, me sentaba para ponerme el pantalón impermeable y calzarme las súper botas Mack Boots. A continuación, agarrándome bien a todas partes, me ponía en pie para llegar hasta el chubasquero de *goretex*, que estaba en una percha en la pared. Entonces le tocaba el turno a la braga y el pasamontañas para abrigar la cabeza, así como a los dos o tres pares de guantes, según el frío. Y finalmente me ponía el chaleco salvavidas. Habiendo tardado unos quince minutos en estar listo, recorría lo largo del pasillo, abría la escotilla de popa, me ataba con el arnés, y entonces ya podía aprovechar para hacer el pis de la mañana.

Esta era la segunda tarea que en tierra resultaba sencilla, pero aquí se volvía complicada. Los hombres preferíamos mear por la borda porque resultaba más cómodo y limpio que hacerlo en el baño, pero con el barco escorado y pegando botes tenía su estrategia: primero ibas cambiando el arnés de sitio para que la longitud de su cinta te permitiera arrimarte a la popa. Allí tenías que sujetarte con una mano firmemente a la baranda, y con la otra ir apartando el pantalón impermeable, el pantalón de *polartec*, la malla de oveja merina, y por fin el calzoncillo, hasta dar con el objeto deseado. Así, bien concentrado para no desequilibrarte, podías relajarte a tus anchas. Además siempre estaba el otro compañero vigilando, por si acaso, o incluso sujetándote por la cintura.

En medio de todo esto, aparecía Julie, la capitana, que te entregaba tu termo de té caliente. Cada uno teníamos un termo con nuestro nombre escrito. Pero esta era la tercera tarea complicada, pues para beberlo tenías que acompasar cada sorbo con el balanceo del barco, si no querías que se te derramara.

Así llegamos al 10 de febrero y, viendo el cielo soleado y despejado, nos congratulamos de que lo malo hubiera durado sólo dos días. El viento había bajado a 20 nudos, perfecto para la navegación. Entonces preguntamos a Julie sobre los detalles del Cabo de Hornos, y nos dijo que habían soplado rachas de 45 nudos (unos 80 kms por hora), y las olas habían alcanzado los 4 metros (lo que se llama mar gruesa, tan frecuente en las costas gallegas…) Pero aseguró que eso en absoluto había sido una tormenta, sino el temporal habitual en esa zona. Francamente no fui capaz de imaginar lo que debía ser, en ese caso, vivir una verdadera tempestad.

El pobre Gary seguía sin salir de sus mareos; cuando bajaba a dormir al camarote lo tenía que hacer acompañado de un cubo, por si le entraban los vómitos. No se le quitó ni probando diferentes medicamentos. Además, cuando no duermes y estás cansado, es más fácil marearte, con lo cual se convierte en un círculo vicioso. Su aspecto era ciertamente lamentable.

Los demás estábamos todos en la cubierta disfrutando de tan bonito día. Lo que no esperaba nadie es que fuéramos a pasar al extremo opuesto: la ausencia de viento. Efectivamente, al caer la tarde, también cayó la fuerza del viento hasta los 10 nudos. Y lo peor era que el parte meteorológico pronosticaba que podía permanecer así durante al menos dos o tres días. Esto significaba que el barco apenas avanzaría a más de 4 nudos (menos de 8 kms por hora). A esa velocidad era imposible llegar al Mar de Ross, que estaba a 2.000 kms, a no ser que quisiéramos pasar diez días cruzando el océano, sin ver otra cosa que agua, para pasar tan sólo una jornada allí, y regresar de inmediato, en función de los vientos. Dado que a nadie le interesaba eso, pusimos rumbo sur cien por cien, y fuimos directos a la Península Antártica, para llegar al hielo cuanto antes.

Cruzando el Pasaje de Drake (II)

Estábamos a 60° de latitud sur, en plena *Convergencia Antártica*, donde está el cinturón de krill. Con ello empezamos a divisar ocasionalmente los primeros albatros. Resultaba admirable ver cómo estas aves se adentraban en aguas abiertas, tan lejos de tierra firme, pues son capaces de aguantar cientos de kilómetros sin descansar, planeando simplemente sobre el viento, sin apenas batir sus alas; cuando necesitan darse un respiro, se posan sobre las aguas y flotan como patos. El mayor de ellos es el *Wandering Albatros*, que alcanza los 4 metros de envergadura, y es totalmente blanco por debajo y con estrías negras sobre las alas por arriba. El *Royal Albatros*, más propio de las Islas Georgia, es rigurosamente negro por arriba, en lugar de estriado. El krill del que se alimentan son pequeños crustáceos, parecidos a los camaroncillos, que además brilla por la noche cuando refleja pequeños destellos. En la siguiente guardia nocturna nos entretuvimos, precisamente, en contemplar esos brillos.

En otras épocas del año, aquí se tropezaba ya con la *banquisa*, que son las placas de hielo arrastradas por el viento desde la Antártida. Pero en febrero, que es el final del verano austral, y por tanto el mes más caluroso, toda ella se había descongelado. Hasta unos doscientos kilómetros más adelante no veríamos el hielo.

De todas formas, empezaba a ser importante estar atento en las guardias, pues el radar detectaba sin problema los icebergs, que son altos, pero no las placas de banquisa, que son planas. Y de noche no era fácil verlas. Por cierto, que comprobé que en las guardias nocturnas yo aguantaba el frío mejor que los australianos. De hecho en todo el viaje nunca necesité ponerme toda la ropa de abrigo que llevaba. Eso sí, el punto más débil eran las manos, y me alegré infinitamente de haber llevado tres capas de guantes, en lugar de dos como llevaban todos, porque eso me salvó de sufrimientos. En este viaje me propuse no pasar frío, y lo logré sin problema. Craig no podía decir lo mismo, pues estaba congelado hasta los tuétanos. En realidad la temperatura todavía no había bajado de los ocho o nueve grados, pero con la humedad y la brisa, y parados junto al timón, se notaba un fresco considerable. Agradecí haber acertado con la ropa adecuada, aunque Don, el experto navegante, tenía una pieza que encontré de suma utilidad: él llevaba un peto, en lugar de pantalón y chaqueta, lo cual aislaba mejor en caso de lluvia, y era muy cómodo para arrastrarte por la nieve sin que se te metiera por las fisuras. Eso sí, en lo que todos estuvimos de acuerdo, fue en que la mejor pieza de todo el material eran las botas Mack Boots, aunque nos hubieran costado una pasta. Servían tanto para usarlas en la cubierta del barco, como para trepar con ellas por las rocas, o caminar por la nieve. Eran totalmente impermeables y resistentes.

Al final de esta guardia se echó encima una niebla espesísima. Ello, junto con el sonido chirriante de los molinos eólicos, creaba un ambiente un tanto fantasmagórico, que encontré sumamente evocador. Era como vivir un cuento de Edgar Allan Poe.

A estas alturas, el cuerpo ya se me había acostumbrado al ritmo de 4 horas de guardia y 6 de descanso, de manera que en cuanto me metía en la litera, caía dormido enseguida, incluso de día. Pero hasta entonces, la travesía había resultado realmente agotadora.

Al amanecer seguíamos con la misma niebla y el mismo poco viento. Mas la novedad consistió en detectar algunos pingüinos y una foca en alta mar, con lo cual supimos que el hielo no estaba lejos.

En efecto, al caer la tarde detectamos por el radar que había un iceberg en frente de nosotros. Mientras Julie vigilaba atentamente la pantalla, Antoine subió a la cubierta y desconectó el piloto automático para poder maniobrar con el timón. A los quince minutos divisamos en el horizonte aquella masa de hielo, y nos acercamos para admirarlo. Era sumamente majestuoso…; tendría unos 40 metros de diámetro y la forma de la flor de un tulipán, con el interior horadado por el agua. Lejos de ser blanco, presentaba gamas de colores azules, rosas, violetas y grises. Era el primer iceberg que veíamos en nuestra vida, y todos lo contemplábamos pasmados y en silencio, como si estuviéramos venerando a un dios. Ya tendríamos tiempo más adelante de ver cientos de ellos, de todas las formas y tamaños, sin hartarnos de tomar fotografías… Estábamos a 63° de latitud, y lo curioso fue que, justo al llegar a este punto, se notó con nitidez un descenso de la temperatura hasta los 4 grados, cosa lógica considerando que, por fin, nos habíamos arrimado al frigorífico de la Tierra. Fue como acercarse a una nevera y abrir la puerta del congelador.

Por la noche, en nuestra última guardia, sólo había dos grados cuando me fui a dormir, y los que tomaron el relevo llegaron a ver el termómetro, por primera vez, a cero pelotero. A esta latitud, la oscuridad nocturna ya sólo duraba 6 horas.

La Antártida.

El día 12 de febrero, tras cuatro jornadas de travesía, estaba amaneciendo cuando me tocó subir a cubierta. Pero ya no hacía falta hacer guardia de ningún tipo, pues habíamos llegado a la Península Antártica.

El sol se disponía a alumbrar un paisaje imponente, el del Archipiélago de Palmer, que ya se divisaba en el horizonte. Unos kilómetros más, hasta los 64° de latitud, y arriamos las velas para empezar a maniobrar con el motor, ya que la sonda indicaba que llegábamos a aguas poco profundas, y los hielos a la deriva se veían por todas partes. La idea fue pasar justo entre las islas de Anvers y Brabant para fondear en una pequeña bahía de las Islas Melchor. El paso resultó apoteósico, pues todo aquello estaba formado por enormes cumbres, algunas cercanas a los 2000 metros, en las que el hielo y la nieve se mezclaban con la roca desnuda y el azul del océano, creando un contraste de colores precioso. En la Oficina Antártica de Ushuaia había leído que todas las Montañas Transantárticas formaban parte geológicamente de la Cordillera de los Andes, siendo una prolongación de ella. El punto más alto era el volcán *Erebus*, del Mar de Ross, con sus 4023 metros de altitud.

Llegar a la bahía de las Islas Melchor fue una experiencia casi mística: Estábamos todos en la cubierta sin apenas mediar palabra, pues aquel escenario nos tenía enmudecidos. Era un silencio respetuoso, parecido al que se rinde al entrar en un templo, como si estuviéramos reverenciando al Dios del Hielo. La niebla matutina, el frío, las moles blancas, la soledad, y aquel silencio sobrecogedor, nos tenían absortos… Nuestra marcha se fue haciendo cada vez más lenta, hasta avanzar casi por inercia sin apenas escuchar el ruido del motor. Finalmente, a las 8 de la mañana, arrimamos el velero a la bahía y comenzamos con las maniobras de fondeo. Echar el ancla en la Antártida no tenía nada que ver con hacerlo en cualquiera de los lugares por los que había navegado. Aquí, una vez anclado el barco, desplegamos la lancha neumática, porque habíamos de utilizarla para atar 4 cabos a las rocas por cada uno de los costados. Precisamente mi labor y la de Craig consistía, principalmente, en manejar los pesados rodillos donde estaban recogidas las amarras, para desplegarlas primero, y para recogerlas después dando a la manivela. Así, entregamos la primera amarra de proa a Julie, que estaba ya en la lancha, y partió con ella unos 20 metros hasta las rocas para atarla firmemente; después hizo lo mismo con la segunda y con las dos de popa. Una vez dimos tensión a las 4 amarras, el barco quedó perfectamente asegurado. Viendo la tranquilidad de las aguas de la bahía, lo resguardada que estaba, y la ausencia de viento, a un neófito como yo le pareció una exageración todo aquello; habíamos tardado más de una hora en completar la maniobra de fondeo. Pero Antoine me explicó amablemente los motivos, y con el tiempo tendría ocasión de comprobarlos por mí mismo: el caso era que, a pesar de la tranquilidad reinante, las predicciones meteorológicas en la Antártida dejaban mucho que desear, pues al haber tantas islas y montañas, la climatología variaba de una zona a otra, y el viento podía cambiar súbitamente en cuestión de pocas horas. Y el segundo de los riesgos, más inmediato e impredecible, eran los desprendimientos de hielo, sobre todo en esta época veraniega; me señaló las grandes paredes heladas que rodeaban la bahía, y me hizo comprender que si se desprendía cualquiera de ellas, la ola generada nos podría estrellar contra las rocas. Como se ve, en el mundo de la navegación todas las precauciones eran pocas.

La verdad es que me cuesta describir la belleza de aquel lugar, con sus cumbres heladas y el único sonido de las gaviotas. En cuanto avanzó la mañana, se disipó toda la niebla y brilló un sol esplendoroso que lo llenó todo de color. Solos en aquel templo de hielo, y tan lejos de la Humanidad, el sentimiento de exclusividad era absoluto, y el goce ciertamente místico. Fue como llegar al Paraíso.

Aprovechando que por fin teníamos el barco en completo reposo, pudimos preparar nuestro primer desayuno en comunidad y condiciones. Cereales, tostadas, té, café, chocolate, mermeladas, huevos y bacon, hicieron las delicias de aquella mañana. Y una vez terminado, Jackie y Gary se animaron a bajar sus kayaks para estrenarse con ellos. Daba gusto ver cómo se deslizaban a sus anchas entre las paredes de hielo, amén del pequeño temor de que se les desprendiera alguna mole encima. Por supuesto las normas de seguridad eran prioritarias para cualquiera que abandonara el barco: siempre había que ir en parejas, y en los chalecos llevábamos una radio conectada con la del velero, para estar comunicados en todo momento.

Don, Craig y yo preferimos apuntarnos al paseo con Antoine en la lancha neumática, para abarcar más territorio, y porque nos permitía llevar la cámara de fotos. Recorriendo los recovecos de la isla, al instante localizamos una pequeña playa pedregosa con un grupo de focas *Weddell*; nos acercamos deteniendo el motor, y desembarcamos sigilosamente. Lo maravilloso de la fauna antártica es que, al prohibirse todo tipo de caza desde el Tratado, los animales no huyen de los humanos, pues no nos identifican con un depredador. Es más, la mayoría sienten incluso curiosidad y tienden a acercarse. Aquellas focas, en concreto, siguieron tomando el sol tan campantes, tiradas sobre el hielo, limitándose a levantar la cabeza de vez en cuando para olisquearnos. Era sorprendente lo poco que les importaba nuestra presencia. Seguimos con el paseo en la lancha y vimos un par de pingüinos, quietos como pasmarotes en lo alto de un risco. Y poco después, llegando a unas aguas más abiertas y profundas, nos llevamos la alegría de localizar el resoplido de tres ballenas *Jorobadas*. Resultó impresionante acercarnos a ellas con la pequeña lancha neumática… Se veía perfectamente el círculo que formaban en el agua para atrapar las masas de krill, y se olía el hedor que exhalaban al resoplar, lanzado un sifón vaporoso por las alturas. El problema era que cada vez que se sumergían no sabías por dónde iban a emerger, y había que tener cuidado de no meterse en medio de su camino hacia la comida. En cierta ocasión, emergieron a sólo 4 metros de nosotros, obligándonos a acelerar el motor para esquivarlas, pues a punto estuvo una de propinarnos un golpe involuntario con la aleta. Resultó una experiencia arrebatadora. Quedaba claro que febrero era un buen mes para ver ballenas. Fue gratificante comprobar que todo aquello lo habíamos visto en un simple paseo que no duró más de una hora, pues indicaba la riqueza y biodiversidad de la zona.

Tardes de relax.

Una vez regresamos al barco, observé que la temperatura había subido sorprendentemente a 15 grados, gracias a lo mucho que pegaba el sol. Aprovechando esto, y lo contento que estaba por haber visto focas, pingüinos y ballenas, decidí enfrentarme a un reto: ponerme el traje de neopreno y nadar en aquella bonita bahía. Es cierto que el agua estaba a 4 grados, pero mi traje era de un grueso considerable, y si nadaba en lugar de sumergirme parado, seguro que aguantaría algunos minutos. Dicho y hecho, me vestí para atracción de todos, me introduje despacio en el agua, y comencé a nadar los 20 metros que nos separaban de las rocas, para regresar después. La hazaña fue todo un éxito… ¡Me había bañado en la Antártida! Al quitarme el traje descubrí que ni siquiera se había mojado el bañador que llevaba debajo, pues así de eficaz resultó el aislante. Pero sí noté un frío considerable en la cara, que era lo único que no me pude tapar. Superado el desafío, me tumbé a tomar el sol en bañador sobre la cubierta, admirándome de que pudiera estar haciendo semejante cosa en el Polo Sur. A mi lado, resultaba cómico ver a Craig sentado, tomando notas en su diario, y abrigado hasta las orejas con todo su arsenal de ropa.

Aquel momento fue delicioso, con todos en silencio, escuchando el eco del sonido de las gaviotas, que cada vez se acercaban más para curiosear, y supongo que para ver si pillaban algún bocado del barco.

Después de una comida ligera, los capitanes se quedaron a bordo mientras nosotros desembarcamos para jugar un poco en la nieve, subiendo y tirándonos por una de las colinas. El paisaje que se veía desde lo alto era idílico, pues a un lado contemplábamos nuestra bahía con el *Spirit* fondeado en medio, y al otro se extendían aguas más abiertas con cumbres montañosas por el perímetro. Pero aquí descubrimos el primero de los grandes peligros de caminar por estas tierras: cuando subías por una de estas colinas, sabías perfectamente cómo era la ladera ascendente, pero una vez llegabas a la cima, tu tendencia era seguir caminando por la ladera descendente; y aquí residía el peligro, pues sin saber lo que había al otro lado, podía resultar que no fuera más que hielo, sin roca debajo, y que su base hubiera sido además horadada por las olas; de manera que, sin saberlo, quizás estabas en lo alto de una frágil terraza que, ante el mero peso de tus pisadas, podía desplomarse precipitándote en el océano. Así que la norma era clara: se podía subir a lo alto de las colinas, pero sin arrimarse al otro lado de la pendiente, a no ser que ya la hubiéramos explorado de antemano. Con ello, nos limitamos a jugar por la ladera conocida, y punto pelota.

Al terminar vimos que Julie se acercaba con la lancha, y nos traía cinco cervezas. Fue un placer beberlas allí, sobre la nieve, al calor del sol, y bajo el agujero de ozono. Por cierto, que en aquel lugar era imprescindible ponerse las gafas de sol, con los filtros ultravioleta para prevenir la ceguera polar, pues la luz era potentísima a esa hora de la tarde.

Para nuestra sorpresa (una más), al regresar a bordo vimos que Antoine había instalado una barbacoa en el púlpito de popa. No podíamos creer que el velero estuviera tan bien abastecido para los placeres. Mientras preparaba la parrilla con la carnaza, aproveché para sacar de aperitivo el jamón ibérico en lonchas que me había traído de España, y así celebré con todos mi baño antártico. También contábamos con 40 litros de vino en la bodega, para beber en las cenas. En realidad el barco estaba lleno de secretos, pues no tenía sólo una despensa, que era la que todos conocíamos en la proa, sino que todas las tablas del suelo de la cabina, e incluso los asientos y literas, se levantaban mostrando debajo amplios espacios llenos de comida. Era sorprendente lo bien que aprovechaban el espacio estos veleros.

Al terminar nuestro banquete, volvimos a lo alto de la colina para ver la puesta de sol. Y de regreso, cuando todos se fueron a dormir, yo me quedé en cubierta disfrutando del firmamento e intentando fotografiar las estrellas. No era fácil, porque en esta latitud y en esta época, la oscuridad no llegaba a hacerse absoluta, sino que siempre quedaba un leve resplandor de sol que se negaba a ocultarse. La noche aquí duraba sólo 4 horas.

Con los días tan largos, y sin tener que hacer guardias, del frenético ritmo de sueños y vigilias de las jornadas anteriores, pasamos a una situación totalmente opuesta: podíamos dormir ocho o nueve horas seguidas sin problema. Así que ante el nuevo amanecer, lejos de madrugar, desayunamos a altas horas de la mañana y empezamos a preparar los kayaks. Esta vez el cielo apareció nublado, pues ya digo que el tiempo antártico cambiaba de un extremo a otro constantemente, e incluso dentro de un mismo día. Pero estaba lo suficientemente tranquilo como para navegar con los kayaks. Fue muy bonito avanzar con ellos por el agua, sorteando pequeños bloques de hielo, rodeando islotes, y surcando lo largo de las paredes rocosas y heladas. Tras dos horas dando a la pala, uno quedaba satisfecho de haber hecho un poco de deporte. Recogimos todo, atando bien los kayaks sobre la cubierta, y levamos anclas para partir al siguiente destino.

Hacia Port Lockroy

Pusimos rumbo más al sur para cruzar el Canal de Neumayer. Al poco de zarpar divisamos de nuevo un grupo de ballenas jorobadas, y nos acercamos a ellas. La estrategia para llamar su atención consistía en dar palmadas y silbar, pues son mamíferos que sienten curiosidad por las cosas nuevas. Apenas se veían sus lomos y los sifones de sus resoplidos; y sólo esporádicamente sacaban su poderosa cola del agua. Pero resultaba muy entretenido verlo. También era frecuente dar con familias de pingüinos, que brincaban junto a nuestra proa como si fueran pequeños delfines.

La navegación por aquí era lenta y meticulosa, pues no se podía usar el piloto automático ni las velas, sino avanzar con el motor sorteando las placas de hielo con el timón. A la hora de comer, sacamos los cuencos con macarrones a la cubierta, pues nos gustaba almorzar al aire libre. Pero nada más hacerlo comenzó a nevar levemente; fue gracioso ver cómo los copos de nieve se mezclaban con el queso rallado de la pasta. La temperatura era de 2°, y estábamos a 64 y medio de latitud.

Una vez cruzamos el Canal de Neumayer, llegamos a la bahía donde estaba la estación británica de Port Lockroy. Junto a ella vimos atracado uno de los cruceros de turistas que realizaba la travesía antártica. La verdad es que a todos nos causó una impresión antiestética. Para empezar, el viaje en estos buques te costaba una fortuna (unos 3.000 euros) por una excursión de 10 días; teniendo en cuenta que tardas tres en llegar desde Argentina, y que luego tienes que regresar, eso significa que el viaje consiste en tragarte todo el suplicio de cruzar el Pasaje de Drake, para disfrutar apenas de cuatro jornadas en el hielo. Pero lo fundamental era que en un armatoste así, de unos 500 pasajeros, era imposible disfrutar de la navegación y de la naturaleza antártica como se hacía desde un velero. Desde aquellos camarotes no se podía escuchar el sonido del agua, ni el tintineo de los aparejos con el viento; y desde aquella cubierta tan elevada, ni podías ver los pingüinos brincando junto a la proa, ni apenas distinguirías las focas y ballenas. Dado su tamaño, tampoco habría podido entrar en la bahía de las Islas Melchor. Y para los que piensen que al menos son más seguros, les sacaré de su error: si eres propenso al mareo, vomitarás igual en un barco grande que en uno pequeño; y no está de más recordar que en 2007, por poner un ejemplo, nuestro buque oceanográfico *Espérides* tuvo que acudir al rescate del *Explorer*, que era uno de estos cruceros de 150 pasajeros, que naufragó tras chocar con un iceberg. Es posible que sí sea más cómodo que un velero, aunque sea sólo por la amplitud de los camarotes; pero, como ya comprobé en mis viajes por la sabana y por las selvas africanas, cuantas más incomodidades estás dispuesto a asumir, más bonito es lo que ves y mejores son las experiencias. Mi consejo sincero, por tanto, es que no tiren tontamente el dinero.

Fondear en esta bahía fue algo más complicado porque todo alrededor eran muros de hielo, sin rocas donde poder atar cabos. Además era muy peligroso arrimarse a las montañas por el riesgo de los desprendimientos. De manera que no quedó más remedio que limitarse a echar el ancla, y montar guardias en cubierta, bajo la nieve, para asegurarse de que el barco no se movía. Esta vez, de todas formas, no estábamos solos, pues había otros dos veleros fondeados.

Aprovechando una leve mejoría en el tiempo, desembarcamos para ver una colonia de pingüinos *Gentoo* que estaba alrededor de la estación británica. Dejando aparte lo mal que olían sus heces, resultaban unos animalillos de lo más agradables. Quedándote parado entre ellos, algunos se acercaban a saludar y a posar amablemente para la cámara, sin el más mínimo temor. Otros protegían sus nidos, elaborados a base de pequeñas piedras dispuestas en círculo; algunos robaban las piedras de los nidos de los vecinos, para no tomarse la molestia de traerlas desde el agua; y las hembras cuidaban de sus crías, mientras los adultos deambulaban por todas partes, en un tránsito incesante entre las rocas y el océano, para darse chapuzones y secarse después al viento.

Aquí vimos también los *skúas*, de la familia de las gaviotas pero con el tamaño de un águila. Aunque normalmente se alimentan de pequeños peces, cefalópodos, krill y otros crustáceos, también son carroñeras, y a veces tratan de hacerse con los huevos y las crías de los pingüinos.

Con el tiempo tan desapacible, cenamos pronto, tomamos nuestras notas en los diarios, y nos fuimos a dormir. Yo puse a remojo las judías blancas para cocinar mi primera fabada antártica al día siguiente.

En la mañana del 14 de febrero aprovechamos para visitar la estación británica, que no eran más que un par de módulos prefabricados con la bandera de turno. Se construyó en 1944 financiándola con los impuestos sobre el aceite de las ballenas, pues su finalidad era el estudio de la meteorología de la zona para el propio interés de los buques balleneros. Con el tiempo, al llegar la prohibición de la pesca, se dedicó también a investigar la ionosfera y las auroras australes, así como su efecto en las telecomunicaciones. Se abandonó en 1962 porque estaba ubicada en un lugar donde las mediciones resultaban excesivamente locales, y poco representativas de la climatología de la zona. Cuando estaba operativa, albergaba 9 personas todo el año, relevándose cada dos. Contaba con un cocinero, un médico, un mecánico, y 6 investigadores. Finalmente, en 1995 se restauró para acondicionarla como museo, tienda de suvenires, y oficina de correos (los británicos siempre han sido muy prácticos para estas cosas). Aproveché para mandar una postal a mi madre por su cumpleaños, y de paso me mandé otra a mí mismo, para reírme cuando llegara a España (tardó mes y medio en hacerlo). Las estaciones científicas, además de su admirable labor investigadora, tienen también un componente institucional importante, pues en la práctica hacen las funciones de embajadas presenciales, especialmente para desafiar las reivindicaciones territoriales argentinas sobre esta parte del Polo Sur. El asunto es que con el Tratado Antártico se prohibió todo tipo de explotación económica, y además los países firmantes renunciaron a sus demandas soberanistas; pero todos saben que esto será transitorio… Es tal la riqueza mineral del continente que, tarde o temprano, y sobre todo si se descongela, se empezará a plantear su explotación de alguna manera. Por eso, bajo la excusa de realizar investigaciones científicas, diversas naciones mantienen aquí estos módulos para recordar a los demás sus derechos y su presencia. En el caso del Reino Unido, esto también explica el interés que tuvo en defender las Islas Malvinas, un territorio aparentemente estéril y minúsculo, pero que tiene una situación perfecta como puerto de partida hacia la Antártida, para la explotación pesquera del Océano Antártico, y para acceder al estrecho de Magallanes participando de las rutas que unen el Atlántico con el Pacífico.

Días de temporal

Al terminar la visita se había levantado un viento de órdago y no dejaba de nevar. Los copos de nieve nos acribillaron literalmente la cara. De hecho nos costó un buen trabajo regresar con la lancha hasta el barco. Una vez a bordo, asumimos que no iba a ser un día para utilizar los kayaks, así que nos dedicamos a la limpieza general y otro tipo de tareas.

Por fortuna, el barco contaba con una excelente biblioteca, así que cada uno de nosotros se hizo con un libro, y pasamos las horas de este largo día aumentando nuestra cultura. Yo me hice con la *Lonely Planet* de la Antártida. En ella leí que Japón todavía cazaba por aquí cientos de ballenas al año, a pesar de la prohibición. Fue James Cook, en su viaje de 1772 por el Círculo Polar Antártico, quien informó al Reino Unido sobre el buen negocio que había en estas aguas por su abundancia de focas y ballenas. Por eso el siglo XIX fue el de las grandes explotaciones pesqueras. El XX se caracterizó por las hazañas de los exploradores. Y una vez se firmó el Tratado, se pasó a la época de la protección medioambiental. Sin embargo, tanto el calentamiento global como la pesca con redes, se estima que han mermado en un 60% las reservas de krill en los últimos 35 años, y ello también ha contribuido al deterioro de la fauna marina. Otro dato interesante es que en la Antártida se encuentra el 90% del hielo del planeta, siendo por tanto un gran regulador térmico del clima mundial. La superficie helada al final del invierno (septiembre) es cinco veces superior a la del final del verano (febrero). Hasta ahora me había parecido exagerado eso que dicen los científicos de que si se descongelara el Polo Sur las aguas de los océanos se elevarían varios metros; pero habiendo visto in situ las moles de hielo que hay por aquí, y tratando de imaginar todo lo que hay por el resto de este inmenso continente, me he convencido de que es cierto. Hay que confiar en los datos de la Ciencia…

En cuanto al Mar de Ross, comentaba la *Lonely* que apenas llegan allí un par de veleros al año, comparado con los 200 que visitan la Península Antártica cada verano. Donde estuvo el campamento de la expedición de Scott, ahora hay un museo. Y lo más llamativo es que en el Polo Sur geográfico, en los 90º absolutos, se ha construido una estación meteorológica norteamericana (cómo no…), con tienda de suvenires y oficina de correos incluida. Junto a ella está el Centro Amundsen-Scott, ubicado en una cúpula de 50 metros de diámetro por 12 de alto, así como un telescopio inaugurado en 2007 para investigar la materia oscura del Universo. Así que aquellos que pretendieran encontrar un poco de intimidad en el fin del mundo, que se olviden del asunto; hay más gente que en la Gran Vía madrileña.

Mientras estábamos concentrados en nuestras lecturas, se escuchó un ruido estrepitoso, similar al tronar de una tormenta. Nos asomamos a cubierta y resultó ser un muro de hielo que se había desprendido en las montañas. Casi todos los días escucharíamos alguno de estos estruendos. Aproveché la ocasión para empezar a cocinar mi fabada asturiana, excelente para un día tan frío y desapacible.

También en esta mañana pudimos, por fin, empezar a comunicarnos con nuestros seres queridos para dar señales de vida, ya que el *Spirit of Sydney* contaba con un correo electrónico vía satélite; era muy limitado, pues apenas tenía capacidad para mandar cinco líneas, pero suficiente para su función. No lo habíamos podido utilizar hasta ahora, porque mientras se estaba navegando la pantalla tenía que estar permanente ocupada con la carta náutica y con el parte meteorológico, que se consultaba varias veces al día. Por desgracia, yo no me sabía de memoria las direcciones de los emails de mi familia, así que tardé un tiempo en adivinarlas, después de hacer varias pruebas. Cosa curiosa, entre tanto intento contacté con una graciosa chilena, que resultó tener el mismo nombre y apellido que una gran amiga ibicenca, y por tanto su mail también era casi idéntico. Son los caprichos de la vida…; gracias a eso he iniciado una pintoresca y misteriosa amistad.

El plan original para una tarde tan ociosa, era cenar y después organizar una fiesta en uno de los veleros fondeados, juntándonos las tripulaciones de los otros dos. Lo habíamos planeado todo comunicándonos por la radio. Pero la climatología dio al traste con todo, porque empezó a nevar de nuevo y a levantarse un viento incomodísimo. De manera que cenamos, y decidimos montar la fiesta en solitario por nuestra cuenta. Salimos a cubierta, cogimos un bloque de hielo del agua para hacer las caipiriñas, sacamos las cervezas y la botella de whisky, pusimos música, y a disfrutar. Eso sí, una vez se fueron a dormir los capitanes, teníamos que hacer las guardias para vigilar que siguiera bien anclado el velero. No fue una cosa pesada, pues en lugar de hacerlo por parejas en turnos de 4 horas, acordamos hacerlo de uno en uno para que sólo hubiera que estar la mitad de tiempo; sin estar navegando, no había problema en hacerlo de esta manera.

Se suponía que al día siguiente debíamos zarpar hacia un nuevo destino. Pero como ya veníamos comprobando desde el Pasaje de Drake, en este viaje las decisiones no las tomábamos nosotros sino la Madre Naturaleza, y en concreto el viento. Resultó que seguía soplando una ventisca descomunal. Antoine nos mostró en la pantalla que el parte meteorológico exhibía una nubosidad tremenda, y lo peor era que los vientos iban creciendo y se esperaban rachas de más de 50 nudos. Estaba claro que había que permanecer resguardados en la bahía hasta que cesara el temporal.

Con ello me dio tiempo a terminar de leer la *Lonely*, y empecé con otro libro excelente sobre la fauna antártica: *The Complete Guide to Antarctic Wildlife*, de Hadoram Shirihai. La radio estaba permanentemente abierta, de modo que de vez en cuando se escuchaban conversaciones de veleros que andaban por la zona y se comunicaban con la estación de Port Lockroy. Fue alarmante escuchar a uno de ellos, que se encontraba al otro lado del Canal de Neumayer, por donde nosotros habíamos entrado dos días antes; estaba registrando vientos de 80 nudos (150 kms por hora). El problema es que el canal producía un efecto embudo que aceleraba la velocidad de la ventisca al pasar entre las montañas. Por supuesto, desde la base estaban dando avisos a navegantes de no cruzar bajo ningún concepto el canal.

Aquella situación me pareció propicia para pensar un rato en los libros que había leído sobre los exploradores del Polo Sur. Es más, para recrear mejor la escena, me abrigué bien, salí a la cubierta, y en medio de la ventisca me quedé contemplando las montañas heladas, tratando de imaginar a un grupo de hombres con trineos y perros avanzando por la nieve. La diferencia era que nosotros estábamos a 2 grados bajo cero, mientras que esos hombres soportaron ventiscas a menos 30, y en días ocasionales más frías todavía. La sensación térmica debió ser terrible. Aguantar eso jornada tras jornada durante dos meses, con el esfuerzo descomunal que imponía el guiar los trineos, durmiendo en meras tiendas de campaña y a veces con sacos húmedos, comiendo sólo lo imprescindible, y sin apenas medios para entrar en calor, tuvo que ser desesperante. Apenas podía hacerme una remota idea de lo que tuvieron que padecer esas gentes. ¡Al carajo!... Me estaba pelando de frío, así que volví al calor de nuestra estufa para seguir leyendo mi libro. A este mundo no se viene a sufrir.

La estación de Vernadsky

El día 16 por fin escampó y pudimos zarpar. Pusimos rumbo más al sur, logrando pasar de los 65° de latitud. La pena fue que las nubes no nos permitieron contemplar en toda su belleza uno de los lugares más hermosos de este archipiélago: el abrupto Canal de Lemaire. Pero ya tendríamos ocasión de disfrutarlo en el viaje de vuelta.

Con las aguas cada vez más cubiertas de banquisa, llegamos en pocas horas al siguiente destino. Era la bahía donde se encontraba la estación científica ucraniana de Vernadsky, famosa por ser la que detectó en los años ochenta el agujero de la capa de ozono, y que sigue encargándose de su seguimiento.

Fondeamos en aquellas aguas completamente planas, que lo reflejaban todo como un espejo. Lo único que se escuchaba era un relajante sonido cristalino, que provenía de las múltiples gotas de agua que caían conforme se derretía el hielo. Amarramos los cabos a las rocas por los cuatro costados, y bajamos a dar un paseo. No había apenas sito dónde ir, pues el islote era ciertamente pequeño.

Por la tarde, ya de regreso en el barco, empezó a nevar de nuevo copiosamente, pero esta vez fue realmente bonito, pues sin soplar el viento no resultaba molesto, y además cuajó todo sobre la cubierta. Era impresionante ver el velero lleno de nieve. Resultó cómico comprobar que hasta el cordero que llevábamos atado al palo había quedado cubierto. Craig estaba emocionado porque nunca había visto nevar. Este chico era descendiente de aborígenes, y lo suyo era el clima cálido de Australia. Vivía en el oeste del país, donde no vive casi nadie, cerca de la remota región de Kimberly.

Sin embargo, lo más surrealista sucedió por la noche: Según terminamos de cenar, llegó otro velero, y además se comunicaron con nosotros por la radio los científicos ucranianos para invitarnos al pub que tenían en la base. Para una vez que recibían visitantes, querían montar una fiesta. Ellos pondrían el vodka y la caipiroska, y desde los barcos llevaríamos la cerveza y vino.

Dicho y hecho, nos pusimos la ropa de abrigo y los chalecos salvavidas, cogimos las linternas frontales, una caja de 30 cervezas, y salimos a la cubierta en medio de la noche y la nevada. Fue sorprendente encontrar el interior de la lancha neumática repleto de nieve; pero aún lo fue más que los capitanes nos hicieron embarcar de todas formas sin molestarse en vaciarla. A fin de cuentas, sólo nos separaban 30 metros del muelle de la estación ucraniana. Avanzar lentamente con el motor en medio de la oscuridad, todos acurrucados para protegernos del frío, utilizando nuestras linternas hasta llegar a los tablones podridos del embarcadero, fue una experiencia tan cómica como increíble. Una vez en el muelle, contemplar la escalinata de madera, con el módulo prefabricado de la base al final, en lo alto, iluminada con focos rojos en medio de la nevada, creaba una escena realmente fantasmagórica. Entonces pensé, con entusiasmo, que aquello sí era de verdad una situación genuinamente antártica. Así podía hacerse uno una idea de cómo debían ser los 4 meses de noche austral en el Polo.

Según llegamos, nos abrió la puerta un amable ucraniano hablando un inglés rudimentario, y nos hizo pasar. Nos quitamos las botas en el recibidor de la entrada, colgamos los abrigos, guantes y pasamontañas, y nos dieron una charla de bienvenida. Eran 12 miembros en la estación, incluyendo sólo una mujer. Aparte del mecánico, el cocinero y el médico, los demás eran científicos de diversas disciplinas. Sus principales investigaciones eran las relativas a la capa de ozono, el estudio de la electricidad atmosférica, el magnetismo, y la meteorología en general, junto con algo de biología. Sus contratos eran por un año, de manera que la mayoría llevaban menos de 12 meses viviendo allí; pero el jefe de la base acumulaba ya siete temporadas voluntariamente, y algún otro también se había reenganchado otro año. El estar más o menos dependía básicamente de que tuvieran mujer e hijos esperándoles en Ucrania, pues todos coincidían en que no era agradable vivir separados de ellos, y en que habían aceptado estos trabajos porque se ganaba mucho dinero. Nos enseñaron sus instalaciones, y subiendo por una escalera llegamos a la sala de fiestas.

Para nuestro asombro resultó ser un auténtico pub irlandés, perfectamente decorado, con su mesa de billar, su diana de dardos, un pequeño rincón de suvenires, y fotos con todo el historial de los que habían pasado por la base. El barman tuvo el detalle de ponerse traje y corbata para la ocasión. Así que sonó la música y empezamos a compartir impresiones entre todos. Dado que la mayoría no hablaban una palabra de inglés, fue todo un reto comunicarse, pero la realidad es que era posible. Me reí mucho con el mecánico, ya que de él dependía la calefacción, y eso implicaba que era el hombre más poderoso de la base. Pero me decía que el doctor era el que mejor vivía, con diferencia, pues era el mejor pagado y el que menos trabajo tenía. Cosa más fácil fue hablar con la tripulación del velero vecino, que eran suizos y franceses. A mitad de la fiesta, uno de los ucranianos sacó una guitarra y amenizó la sesión con sus canciones. Yo colaboré animándome a cantar *Bésame Mucho*, que la conocían todos los presentes. El vodka, la caipiroska, la cerveza y el vino, dieron mucho de sí, pues aunque aquello apenas duró un par de horas, nos lo pasamos en grande. Los habitantes de la base agradecieron sobremanera que hubiéramos alterado por un día su rutina, ya que apenas recibían dos o tres visitas en todo el verano, y por supuesto ninguna en invierno. Así que nos despidieron con pena, regresamos en las lanchas cantando *Guantanamera*, todavía entre la oscuridad y la nieve, a 2 grados bajo cero, y según subimos al barco fuimos directos a dormir.

El siguiente amanecer se presentó nublado, pero ya no nevaba ni hacía viento. Desembarcamos para dar un paseo y vimos que estaba todo cubierto por más de medio metro de nieve. En algunos tramos nos hundíamos hasta la cadera.

Gracias a estar nevado, pudimos subir por una colina a base de hacer escalones en su pendiente clavando la punta de las botas. La tarde anterior fue imposible subirla porque nos resbalábamos al ser toda ella un bloque de hielo. Al llegar a la cima vimos que al otro lado había una suave pendiente que daba a una bahía con pingüinos, así que nos deslizamos y llegamos hasta ellos. Era un gusto sentarte y dejar que los bichos se te acercaran. Después dedicamos un tiempo a nuestras habituales guerras de bolas de nieve, aprovechamos para sorprender y bombardear al velero vecino, y regresamos para zarpar y partir al siguiente destino.

Caminar por el hielo

Cuando no brillaba el sol era difícil pasar de los cero grados. Pero a estas alturas estábamos acostumbrados de sobra al frío antártico, que mientras no soplara viento se aguantaba bien. Además el paisaje variaba tanto de un punto a otro, que nos manteníamos entretenidos.

Esta vez el trayecto sólo duró dos horas. El lugar al que llegamos fue quizás el rincón más hermoso de todo el viaje, pues consistía en una gran bahía que, al estar casi cerrada por completo, impedía que las masas de hielo que se desprendían de las montañas escaparan hacia las aguas abiertas. Con ello, resultaba que el recinto quedaba convertido en un espectacular cementerio de icebergs.

Pasamos la tarde tranquilamente en cubierta escuchando música clásica, muy acorde con la paz de aquel lugar, y mientras unos leíamos, Jackie y Gary se animaron a descolgar el cordero del palo del satélite y utilizaron la mitad para hacer un guiso en la cena. Resultó exquisito, acompañado del vino de la Patagonia.

La mañana del 18 de febrero la dedicamos a pasear por la bahía, tras desembarcar con la lancha neumática en una zona bastante llana. Don y yo caminamos en una dirección, y el resto tomaron otro camino, aunque siempre nos teníamos a la vista. En lo alto de unas peñas había un detalle curioso: era una gran caja de madera, protegida con piedras y señalizada con un palo, que estaba llena de víveres y un bidón de combustible. Estaba allí por si se daba alguna emergencia.

Hablando de emergencias, aquí descubrimos otro de los grandes peligros de caminar por estas regiones. Sucedió que mientras caminaba sobre la nieve, se rompió el suelo debajo de mí, y me vi de repente hundido en agua hasta la cadera; menos mal que estaba a medio metro de las rocas, y puede salir al instante apoyando las manos en ellas. En cualquier caso, Don estaba unos metros más adelante. Lo que descubrimos fue que en unos tramos había tierra firme bajo la nieve, pero en otros se trataba de pequeñas lagunas, cuya superficie, al helarse, permitía que la nieve se depositara sobre ellas. El problema era que sólo estaba congelada una fina capa de dicha superficie, de manera que en cuanto alguien pisaba encima, se resquebrajaba y te hundías en el agua. Lo sorprendente fue que apenas me entró un poco de humedad en las botas; así de bien funcionó el material impermeable. Con esto aprendimos la lección de que nunca nos podíamos fiar de lo que había debajo de la nieve; lo mismo podía ser una charca helada de estas, que una grieta. Y por supuesto era fundamental ir siempre en parejas. A partir de este incidente, cuando veíamos zonas sospechosas caminábamos en fila india, siguiendo todos los pasos del primero, que se aseguraba bien de ver por dónde iba pisando (otra buena idea es llevar un bastón e ir clavándolo por delante para tantear el terreno). Incidencias aparte, al rato dimos con un par de focas y nos quedamos sentados a su lado contemplando sus movimientos.

Concluido el paseo, llegó el turno de los kayaks. Teníamos unas ganas tremendas de utilizarlos en esta bahía privilegiada, donde el encanto estaba en navegar por el laberinto de pasillos que creaban los múltiples icebergs. Era impresionante contemplar lo caprichosas que eran las formas esculpidas en los hielos, y la enorme gama de colores que presentaban según su composición y cómo les diera la luz. Además, a los que no estaban horadados por la base, podías acercarte sin peligro, y tocarlos, sintiendo su grandiosidad. La libertad y agilidad que te permitía el kayak para perderte por aquellos recovecos era absoluta. A veces se acercaban los pingüinos para brincar nadando a nuestro lado. Y cuando veíamos focas descansando en las placas de hielo, también podíamos acercarnos con sigilo, sin alterarlas.

Por la tarde llegaron dos veleros que fondearon pegando sus cascos al nuestro, para simplificar maniobras. Sus tripulaciones estaban compuestas por sendos equipos de montañeros. Uno de ellos, el británico, partió con su lancha a tierra firme y emprendieron la caminata tierra adentro, aprovechando que quedaban tres o cuatro horas de luz. El otro se quedó con nosotros tomando unas cervezas. Pasado un tiempo, la puesta de sol empezó a teñir el cielo de unos colores preciosos. Estábamos todos fotografiando la escena desde las cubiertas de los veleros, con una agradable música de fondo.

Sin embargo, casi ya de noche, se presentó otro incidente: Resultó que la lancha neumática de los montañeros británicos regresó con uno menos. No se habían dado cuenta de que les faltaba un compañero hasta que empezaron a contarse en la barca. Así que llegaron al velero, dejaron todos sus trastos, y nos pidieron ayuda a las otras dos tripulaciones para emprender la búsqueda del desaparecido. Partieron así las tres lanchas de los tres veleros, llevando cada una tres personas con cuerdas y linternas, mientras otros permanecimos en las cabinas atentos a los equipos de radio. Al sujeto extraviado lo encontraron al cabo de media hora con una herida en el mentón y muerto de frío, pero sobre todo muy asustado. Sucedió que, yendo el último del grupo, había resbalado por una pendiente cayendo al fondo de una hondonada. Gritó pero no le oyeron. El agujero apenas tenía cinco metros, pero al ponerse el sol la temperatura había bajado a -2 grados, y con ello la pendiente por la que había caído estaba helada y no podía trepar. Además cayó de cabeza y por eso se había cortado el mentón con el hielo. Supongo que debió ser angustioso comprobar que nadie escuchaba sus gritos, que se había hecho de noche, que se estaba pelando de frío, y que no podía salir de allí. Su alivio sería mayúsculo al ver por fin a los rescatadores.

Por un lado, todos nos preguntamos cómo se puede ser tan irresponsable de perder a un compañero de una manera tan tonta, yendo por un lugar tan inhóspito como la Antártida, sin conocer el terreno. Y por otro, tampoco nos explicábamos por qué el sujeto accidentado no llevaba crampones, que son precisamente para poder trepar por el hielo. El capitán alemán que gobernaba aquel barco, no daba crédito al suceso; estaba realmente enfadado. Tendríamos ocasión de coincidir con él más adelante, en una fiesta al final del viaje, ya sin su tripulación, y se despachó a gusto despotricando de ellos. En cualquier caso, lo que nos estaba quedando muy claro era que caminar por la Antártida tenía muchos peligros, y exigía ser muy prudente. En este viaje siempre nos sentíamos muy seguros mientras estábamos en el velero, incluso en medio de los temporales; era al desembarcar cuando se daban los incidentes.

El placer de contemplar un paisaje

El amanecer del día 19 fue privilegiado. Nuestros vecinos zarparon muy temprano y nos quedamos solos de nuevo, con todo el paraíso para nosotros. Y además despuntó un sol esplendoroso que nos dejó bonitos colores, buena temperatura, y ausencia total de viento. Levamos el ancla para desplazarnos simplemente unos cinco kilómetros, hasta el otro extremo de la bahía, y así navegar tranquilamente por el cementerio de icebergs. Jackie y Gary hicieron el trayecto con los kayaks; el resto preferimos ir en el velero para poder fotografiar a gusto todo el escenario. Era tal la infinidad de formas diferentes que exhibían los icebergs, que no nos hartábamos de disparar con las cámaras. La Naturaleza no tenía límites de originalidad al esculpir el hielo. Los había altos y puntiagudos, que emergían imponentes hacia el cielo; otros eran planos, y a veces con focas reposando sobre ellos; podían ser anchos y redondeados como bolas, o estrechos y alargados; también vimos uno en forma de piscina lleno de gaviotas por dentro, al que arrimamos la proa para espantarlas, y salieron a tropel volando. Era un placer, asimismo, acercarnos a las focas que estaban tomando el sol; a veces alguna brincaba al agua, y empezaba a jugar con nosotros buceando por debajo del caso, pasando de un costado al otro, como haciéndolo a propósito para que no supiéramos en qué lado ponernos para fotografiarla. Y todo ello iba cambiando de color conforme el sol ascendía. Al cabo de un rato divisamos un par de ballenas; el problema era que estaban demasiado cerca de los compañeros de los kayaks, y hubo que salir con la lancha neumática para separarlas. Jackie dijo que había sido impresionante tenerlas tan cerca, pero que se le aceleró el corazón ante el temor de que pudieran hacerles volcar.

El lugar donde fondeamos finalmente era la ladera oeste del Canal de Lemaire, formado por unas cumbres espectaculares. Los capitanes nos señalaron una colina que había cerca, y dijeron que subiendo a ella se disfrutaban las mejores vistas del Archipiélago de Palmer. Así que metimos bocadillos, fruta, galletas y cervezas en las mochilas, y desembarcamos para comer en lo alto de la colina. Apenas se tardaba diez minutos en llegar, y ciertamente la panorámica quitaba el hipo. Este fue otro de los momentos donde pensé que la Literatura era incapaz de transmitir las emociones extremas… Acaso puedo describir cómo era el decorado: a nuestra espalda teníamos la inmensidad del océano, con el *Spirit of Sydney* fondeado sobre las mansas aguas; delante de nosotros despuntaba una colosal cordillera, con las cumbres nevadas y glaciares por sus laderas, que formaba sendas bahías a derecha e izquierda; la de la derecha era la que albergaba el cementerio de icebergs que habíamos cruzado por la mañana; y la de la izquierda era más abierta, y tenía una colonia de pingüinos y focas a lo lejos. Ver aquello desde lo alto era algo arrebatador. Especialmente la bahía de la derecha resultaba impresionante, salpicada de riscos de hielo que se extendían hasta el horizonte. En verdad que estando allí, sin presencia de seres humanos, tan apartados del resto del mundo, y en medio de un silencio apenas alterado, ya fuera por el leve piar de las aves o la fractura de algún iceberg, era como estar en otro planeta. Fue otro de esos bonitos momentos de mi vida en que comprobé que la perfección existía.

Me quedé con Craig descansando allí en lo alto, para contemplar el paisaje hasta saciarme. El resto bajaron por unas rocas un tanto incómodas para llegar hasta las focas y los pingüinos. Dado que hacía un sol de justicia, la temperatura me permitió quedarme en mangas de camisa y quitarme las botas; y allí me senté a contemplar en silencio aquel decorado, como si estuviera en el cine, mientras Craig tomaba notas en su diario. Sin duda aquella era una de las imágenes más espectaculares que he conocido en todos mis viajes; y a eso había que añadir todas las sensaciones no visuales: la temperatura, los sonidos, el olor…Y por supuesto, el factor de exclusividad…; el saber que estaba allí solo, con la Humanidad a mil quinientos kilómetros, viendo con mis ojos maravillas que muy pocos afortunados han visto, y que no muchos verán (sobre todo si se descongela el Polo).

Una vez retornaron los compañeros, almorzamos y brindamos con las cervezas. Estaba siendo la mañana más bonita desde que zarpamos de Ushuaia. Tan espectacular era aquel lugar, que al atardecer subimos de nuevo para ver la puesta de sol. Justo en ese momento llegó el mismo velero con el que habíamos coincidido en la estación ucraniana, así que nos juntamos todos en lo alto con bebidas para compartir el momento. Si ya a plena luz del día pensamos que este era el mejor de los parajes de la Tierra, me limitaré a decir que un atardecer en un sito así es algo sencillamente celestial. No tengo palabras. Y para colmo asomó la luna llena, de manera que podías ver el ocaso de un astro con el ojo derecho, y la ascensión del otro con el izquierdo. Y eso no era todo, pues estando tan al sur, el sol se desplazaba con muy poco ángulo sobre el horizonte; eso significaba que si en España tardaba unos quince minutos en ponerse, aquí el espectáculo de un atardecer se prolongaba durante más de media hora, y eso sin sumar los destellos y resplandores posteriores que llenaban todo el cielo de color. ¡Qué privilegio estar en el mejor lugar del mundo, en el mejor día, y en el mejor momento del año!

Reflexiones paseando entre las focas.

El día siguiente también amaneció luminoso. Era sorprendente lo mucho que cambiaba el tiempo de unos días a otros, e incluso dentro de un mismo día. Salí de mi saco ante el olor de las tostadas y el café y, una vez desayunado, me fui con Antoine en la lancha a dar un paseo por el cementerio helado.

Este joven risueño de la Normandía había estado trabajando con pescadores gallegos durante un año y medio, de manera que entendía bien el español, lo cual le era de mucha utilidad para comunicarse por radio con las estaciones de Chile y Argentina. Hacía tres años que dedicaba los seis meses del verano austral a pilotar veleros por la Antártida, igual que Julie, regresando los otros seis a Francia con su familia. De manera que, a razón de unos cuatro o cinco viajes al Polo por temporada, se conocía de sobra la zona y ganaba un buen dinero, pues no era fácil encontrar especialistas en la navegación por estas regiones polares. No obstante, su ambición era tener su propio barco para llevar por su cuenta a los viajeros, ya que se ganaba mucho más siendo el propietario de la nave que como mero capitán asalariado. De hecho era un negocio en alza que reportaba tentadores beneficios. Este tipo de vida, tan diferente de la mía, me resultaba enormemente pintoresco. Simplemente contemplar sus manos y las de Julie, tan fuertes, con los dedos gruesos, y ásperas por el manejo de los cabos, evidenciaba que la rutina de los pescadores y demás marineros era muy distinta, y notablemente dura. Viendo, en contraste, mis delicadas manos de funcionario, acostumbradas tan sólo a teclear en el ordenador de la oficina, pensé que mi forma de vida también tenía sus riesgos e inclemencias, pero eran más de carácter intelectual que de esfuerzo físico. No sé si enfrentarse a una oposición para lograr un empleo público es comparable a cruzar navegando el Cabo de Hornos cuando azotan las tempestades; la experiencia es tan distinta... Pero desde luego se pasa miedo con las dos cosas.

Al poco de avanzar entre las placas de hielo, salieron en estampida cientos de aves que eran como golondrinas blancas, con el pico afilado y la cola seccionada en dos haces. Después localizamos multitud de focas *Leopardo*. En la Antártida hay 5 especies principales de focas: Weddell, Leopardo, Crabeater, Elefante, y Ross. Todas tienen en común carecer de orejas, y son torpes caminantes pero excelentes nadadoras. Pueden aguantar varios minutos bajo el agua, y sumergirse a 100 metros de profundidad. La *Leopardo* es la única un poco agresiva; lo normal es que se lance al agua si te acercas demasiado; las leyendas dicen que también se ha dado el caso de atrapar a un humano con la boca y sumergirlo en las profundidades hasta ahogarlo. Pero las que estábamos contemplando nosotros aquella mañana parecían de lo más mansas. Estaban tomando el sol tranquilamente sobre las placas heladas, y pudimos arrimarnos con la lancha sin problema. Eso sí, a diferencia de las *Weddell*, me dijo Antoine que era mejor no bajarse para pasear entre ellas, pues no había tanta confianza. Si la de *Weddell* tiene cara de gato y es oscura, la *Leopardo* tiene cara de reptil, con la piel más clara, y con la panza y el cuello moteados, precisamente, con manchas como las de los leopardos. Así como la alimentación de las otras solía limitarse al pescado, los crustáceos y el krill, ésta también gustaba de devorar pingüinos.
Para localizar focas y ballenas, lo suyo es dirigir la mirada, no a las aguas abiertas, sino a los alrededores de las placas de hielo, o extremos de las bahías, pues es en estas zonas donde se suele quedar retenido el krill, que es su alimento preferido. El final del verano austral (febrero) suele ser la época de apareamiento de casi todas estas especies; y al principio del verano siguiente (septiembre) empiezan a nacer las crías, tras haberlas gestado durante el invierno.

Era un placer detener el motor y charlar tranquilamente junto a ellas estudiando su anatomía y comportamiento. Mientras observaba la parsimonia de estos bichos, me estaba convenciendo de que, en general, la fauna antártica llevaba mejor vida que la de los humanos, especialmente desde que dejamos de ser sus depredadores. No era la primera vez que llegaba a esta conclusión, pues lo pienso de otras muchas especies animales, como los pájaros. Es algo que me hace cuestionar, con decepción, eso de que los humanos seamos los seres más evolucionados del planeta... Sin duda es cierto a nivel de individuos, pues por eso es el hombre quien caza a la ballena o a la foca, y no al revés. Pero como colectivo..., considerando los millones de personas que viven en la más absoluta miseria, y los que residiendo en países civilizados como el nuestro también sufren un entorno de pesadilla, es difícil concluir que como especie seamos las lumbreras de este mundo. Sospecho que muchísimos humanos serían más felices reencarnándose en foca *Weddell*, por ejemplo. Desde luego tendrían menos preocupaciones. Antoine me confesó que él y Julie también tenían una opinión de la humanidad un tanto decepcionante; se sentían mucho mejor en el Polo Sur, rodeados de su fauna, que en Francia.

A por otros paraísos.

Concluida esta bonita excursión matutina, regresamos al velero y zarpamos con rumbo nor-este, de manera que el Canal de Lamaire y su entorno fue el punto más austral que logramos alcanzar. El siguiente destino era la Bahía Paraíso, pero quedaba un tanto lejos, y además en esta región de banquisa se avanzaba muy lentamente; así que tuvimos que hacer noche a mitad de camino en otra cala pequeña y solitaria. En ésta fue gracioso localizar una colonia de pingüinos, que no hacían más que subir y bajar en fila india por un surco que comunicaba el agua con lo alto de una colina. Desembarcamos para contemplarlos, pasando fácilmente dos horas con ellos. Al atardecer divisamos en el horizonte el resoplido de un par de ballenas. Preparamos otra barbacoa, y tomamos un aperitivo en la cubierta con las cervezas.

El amanecer del día 21 fue igual de soleado y bonito que los dos anteriores. Según levamos anclas fuimos directos a visitar a las ballenas *Minke* que habíamos visto la tarde anterior, y que todavía estaban por allí rondando. Estas se parecen mucho a las ballenas *Jorobadas*, en cuanto a la forma de la cabeza y de su aleta dorsal, pero son de menor tamaño: aquéllas suelen alcanzar los 20 metros y éstas se quedan en los 10. Permanecimos un buen rato silbando y dando palmadas para atraer su atención, a ver si lográbamos que, además de enseñar su cola, se animaran a pegar algún brinco; pero no hubo manera.

Del paisaje de cumbres abruptas pasamos a otro de cordilleras más suaves, también nevadas. Nos comimos un par de pizzas en la cubierta bajo un sol de justicia, y aprovechamos el calor para lavar ropa y tenderla por todos los cabos. Por la tarde llegamos, por fin, a la Bahía Paraíso. Desde luego el nombre estaba muy bien puesto, aunque impresionaba más el entorno de Lemaire. Y es que, en realidad, todo este archipiélago era precioso. La bahía en cuestión tendría unos 4 kms de diámetro; era de aguas profundas, y estaban tan tranquilas que reflejaban como un espejo todas las colinas del perímetro. El interior estaba lleno de banquisa, y topamos con más ballenas *Minke* que nos entretuvieron un par de horas. Habíamos disfrutado mucho con el avistamiento de ballenas a lo largo de nuestro viaje. Era normal, pues estos cetáceos pasan los meses de enero a marzo en la Antártida, aprovechando el verano austral, sobre todo para alimentarse, y después migran hacia el ecuador para aparearse. Dependiendo de la especie, lo habitual es que tengan una cría cada dos o tres años, tras doce meses de gestación. Lamentamos no haber visto *Orcas*; se distinguen muy bien de lejos por su aleta dorsal puntiaguda, que mide más de un metro. La ballena más grande que hay por estas regiones es la *Azul*, con sus 30 metros, pero abunda poco y rara vez sube a la superficie.

Al atardecer se dio un fenómeno curioso: nos animamos a coger los kayaks aprovechando el buen tiempo que hacía. La experiencia de navegar con ellos en aguas tan mansas salpicadas de pequeños cubos de hielo fue encantadora. Pero, para nuestra sorpresa, al cabo de una hora empezó a descender tanto la temperatura, que cada vez se formaban más cubos en la superficie. Aquello empezó a ser como el hielo de un granizado de limón. Se cerró tanto la banquisa a nuestro alrededor, que era casi imposible meter el remo en el agua para avanzar, y estábamos a unos 500 metros del barco. Así que tuvimos que llamar por la radio, esa que siempre llevábamos en el chaleco, para que vinieran con la lancha y nos abrieran un camino. Fue sorprendente que todo hubiera sucedido tan rápido. Una vez en el barco, miramos a nuestro alrededor y toda el agua de la bahía estaba congelada. La temperatura había caído otra vez bajo cero, así que el aperitivo de esa tarde lo hicimos dentro de la cabina. En estos días soleados era cuando se percibían los cambios más bruscos del termómetro: podías estar a 10° al medio día, caer a 2° por la tarde, y a -4° por la noche. Es más, incluso a media mañana, si te ponías mirando al sol, se notaba una diferencia enorme entre el calor que sentías en el pecho y el fresco que notabas en la espalda.

Seis horas después del siguiente amanecer, de nuevo con el sol pegando, todo aquel hielo que había rodeado el casco del *Spirit* se había derretido. Las aguas de la bahía volvían a ser claras y cristalinas, y además había llegado un precioso barco de época, de estilo centenario pero perfectamente restaurado. Zarpamos y seguimos navegando hacia el nor-este.

La paella antártica.

En el paisaje aparecieron unas curiosas nubes bajas, que rodeaban las cumbres de las montañas formando anillos. Era normal que hubiera condensación a baja altura, ya que en la Antártida el poco vapor que se genera choca inmediatamente con aire frío al ascender. La primera hora de navegación fue realmente lenta, pues estaba todo lleno de banquisa, hasta que llegamos a aguas más abiertas. Fregar platos, lavar ropa, barrer, o limpiar la cubierta, eran todas tareas que se agradecían para entrar en calor por la mañana; después ya me podía sentar a leer mi libro de fauna antártica. La verdad es que se vivía como Dios en el velero…; durmiendo ocho horas, engordando como vacas, con cerveza y vino, música, y disfrutando cada día de un paisaje nuevo. Había que aprovecharlo antes de regresar al Pasaje de Drake.

Tras varias horas de travesía llegamos a la Bahía Enterprise, cuya peculiaridad era el contar con los restos del ballenero de ese nombre, encallado en 1896. Le había reventado uno de los hornos que utilizaba para extraer el aceite de las ballenas. Muy cerca, sobre las rocas, se conservaban los dos botes salvavidas que utilizó la tripulación para llegar a tierra, y esperar allí el rescate de otro buque.

El velero lo amarramos directamente junto al ballenero, atándonos a él. Resultaba un tanto tétrico, pero era mucho más rápido y sencillo que fondear echando el ancla. Una vez estuvo todo listo, yo tenía una buena tarea en la cocina: me estrenaba con mi primera paella. Ya había triunfado con un par de fabadas, las lentejas, y un arroz blanco, pero esto era todo un reto. Para empezar, la madre de un gran amigo valenciano me había comprado especias excelentes para el caldo; también había traído desde Valencia el arroz apropiado; y para continuar, encontré en la despensa del barco otros ingredientes de gran calidad. ¡Hasta me hice con rodajas de limón para decorarla…! Lo más delicado fue que el único recipiente disponible era una olla, lo que me obligaba a tener mucho cuidado de que quedara igual de cocido el arroz de arriba que el de abajo. Modestamente, jamás habría imaginado que me iba a quedar tan buena, siempre considerando las limitaciones del momento. Los seis extranjeros habían probado la paella alguna vez en su vida (incluso los que no habían salido nunca de Australia…, que a saber lo que les dieron), pero estuvieron de acuerdo en que mi plato era algo totalmente diferente y exquisito; de hecho, incluso antes de comerlo, durante la elaboración, ya estábamos disfrutando todos del aroma que se extendió por el barco; y es que en estas cosas era tan importante el sentido del olfato como el del gusto. Por supuesto repitieron todos hasta dejar limpia la olla. De los postres se encargaban siempre los capitanes, que eran unos verdaderos artistas. Sin duda – les dije entonces - la gastronomía es uno de los grandes placeres de la vida, y tiene la ventaja de que no hace falta ser rico para disfrutarla; tan sólo hay que saber cocinar. Asegurarse al menos un sabor delicioso cada día es algo que contribuye mucho a la felicidad.

Al anochecer, Jackie y Gary se animaron con el experimento de dormir con los sacos en la cubierta mirando las estrellas. Se levantó tal viento que regresaron al abrigo del camarote un par de horas después, muertos de frío. Hacer eso a 2 grados bajo cero era un acto de masoquismo; además, en esta latitud y época, el firmamento no acababa de verse bien porque nunca se hacía totalmente de noche.

Tras la ventolera nocturna, el siguiente día amaneció nublado. Estaba claro que los días soleados no duraban mucho tiempo ahora que terminaba el verano. Dado que Jackie seguía durmiendo, al no haber pegado ojo la noche anterior, nos fuimos solos Gary y yo con los kayaks, mientras el resto cogieron la lancha. Nos fuimos bastante lejos, pero íbamos parando con frecuencia en playas rocosas para pasear ente las focas que encontrábamos. A la vuelta, se levantó un viento de frente que nos dejó agotados del esfuerzo para regresar al barco; yo acabé con los brazos reventados de dar a la pala. Pero al menos nos dimos la mayor sesión de deporte de todo el viaje, entre tanto día ocioso.

Pasamos la tarde tranquilamente leyendo, cenamos un pollo asado excelente, y al despejarse la noche volvimos a disfrutar de un cielo mínimamente estrellado, con Orión en el horizonte y la Cruz del Sur cerca del palo mayor.

Cumpleaños antártico.

Al día siguiente era mi cumpleaños. Algo tan excepcional como pasar mi aniversario en el Polo Sur, lo recogí en mi diario al final de la jornada para recordar hasta el último momento:

"Qué decir de este día... Ni en mis mejores fantasías habría imaginado que celebraría uno de mis cumpleaños en la Antártida. La verdad es que encontrarme aquí, en este lugar tan remoto, tan apartado de todo, es como estar en otro planeta. La sensación de lejanía y de aislamiento es absoluta, aunque no de soledad, pues los 7 tripulantes del velero nos hacemos compañía; además estamos viendo constantemente focas, pingüinos, otras aves, e incluso ballenas, que nos entretienen de maravilla.

Es más, a media mañana hemos localizado un islote de pingüinos *Chinstrap*, una especie que no habíamos visto hasta ahora. De manera que tres de nosotros hemos desembarcado con la lancha neumática, trepado por los riscos, y llegado a la colina nevada donde se encontraban. Quedándonos allí sentados, los graciosos pingüinos se han ido acercando por curiosidad, pues probablemente no habían visto un ser humano en su vida. Para mí ha sido todo un orgullo contactar con una nueva especie animal el día de mi cumpleaños.

Desde el mismo momento en que he despertado, los compañeros han tenido el detalle de cantarme *Cumpleaños Feliz* en inglés, francés y español, y los capitanes nos han sorprendido con un desayuno especial a base de huevos con bacon. Después hemos zarpado rumbo nor-este cruzando un bonito paisaje de montaña, icebergs y banquisa. Me encanta el sonido que hace el casco del barco al resquebrajar la banquisa; y los icebergs resultan imponentes, mostrando formas caprichosas y gamas de colores azulados preciosos. Finalmente hemos fondeado en otra bahía hermosísima, tras varias horas de navegación. Es toda una suerte poder disfrutar de un paisaje así con absoluta exclusividad. El perímetro del horizonte lo forman pequeñas montañas nevadas con glaciares; y las aguas, totalmente en calma, son tan claras que se ve el fondo rocoso a la perfección. Todo ello está salpicado por placas de hielo a la deriva, muchas de las cuales tienen focas *Crabeater* descansando plácidamente al calor del sol. Apenas se alertan cuando nos acercamos con el barco, lo cual nos permite tomar excelentes fotografías.

Una vez echada el ancla y amarrados los cabos, hemos desembarcado para pasear por tierra. Al atardecer he sacado mis puros para invitar a los fumadores, y tras la tertulia hemos hecho una caipiriña, cuyo hielo, por cierto, he tenido que coger yo mismo del agua, y después lo hemos picado a martillazos. A esa hora el sol estaba cayendo y la luz era preciosa. Los siete estábamos realmente a gusto, charlando en la popa alrededor del timón, bebiendo nuestro refresco y tomando el aperitivo.

Ya de noche, los capitanes han vuelto a sorprendernos cocinando en mi honor un excelente salmón al horno, con vino tinto y blanco, y hemos brindado con champagne. Al final me han dado algunos regalos, lo cual en la Antártida se agradece doblemente porque hay que agudizar el ingenio, y sorprendentemente me han sacado una tarta de chocolate exquisita, con velas y todo. No se puede ser más generoso...; da gusto navegar con esta tripulación. Al instante he correspondido con sinceras palabras de agradecimiento y emoción, confesándoles que me habían hecho sentir verdaderamente en familia; y entonces he sacado los dos litros de orujo de hierbas que me había traído desde España en una bota de vino para la ocasión.

Ha sido entrañable cenar así, los 7 apretujados alrededor de la mesa y la estufa, con música de fondo. Y para culminar la noche, ha salido la luna y hemos subido todos a cubierta para fotografiarla. También brillaba la Cruz del Sur en lo alto del palo mayor.

Así he cumplido mis 42 años, y comprobando que he sido capaz de llegar hasta aquí, me siento como si hubiera rejuvenecido diez. ¡Qué alegría llenar la vida de recuerdos bonitos! (y me ha sobrado un poco de tarta para el desayuno de mañana)."

El bueno de Gary también hizo mención en su diario de mi cumpleaños. Siempre era el primero en despertar, y lo primero que hacía era leer algún pasaje de su Nuevo Testamento.

Respecto de la bahía a la que llegamos, nos costó una enormidad fondear, pues era poco profunda y había riesgo de encallar. Para hacer la maniobra, en la lancha neumática iba Julie por delante con una sonda portátil midiendo las profundidades de distintos puntos; entonces indicaba al velero por dónde podía avanzar. Además, Antoine tenía que trepar de vez en cuando al palo mayor para ver desde lo alto dónde estaban las rocas sumergidas. Todo se hacía a una marcha lentísima con el motor.

Entretanto aprovechamos para disfrutar de la veintena de focas *Crabeater* que descansaban a nuestro alrededor. Si las *Weddell* tenían cara de gato y las *Leopardo* de reptil, estas se distinguían por tenerla de perro mastín, y por ser de piel muy blanquecina. Ninguna de las focas antárticas puede caminar con sus aletas delanteras, que a lo sumo les sirven para arrastrarse, pues no miden más de 20 cm (son como manos). Pero en Sudamérica y Sudáfrica sí se encuentran ejemplares con las aletas largas, que al menos les permiten mantenerse erguidas; además estas especies cuentan con pabellones auriculares.

En cuanto a los pingüinos, hasta ahora sólo habíamos visto los de la especie *Gentoo*, que se distinguen por tener una especie de antifaz blanco en la cabeza. Los *Chinstrap* que descubrimos este día tienen esa mancha blanca mucho más fina, en forma de raya y sobre la barbilla. Los *Adelia,* por su parte, cuentan con un anillo blanco muy nítido alrededor de cada ojo. Y el *Emperador* presenta la cabeza totalmente negra, y además es un pingüino doble de grande que los otros. Con distinguir estos ya conoces los fundamentales, pues hay 17 especies en la Antártida y las islas aledañas.

El último día en el hielo.

A la mañana siguiente nos tuvimos que reunir para ir planeando el regreso a Argentina. En principio, se suponía que teníamos que seguir avanzando hacia la Isla Decepción y las Shetland del Sur, que es justo el extremo norte de la Península Antártica. El problema era, como siempre, el viento. Para empezar, el parte meteorológico indicaba vientos de 40 nudos por esa zona, pero los capitanes nos dijeron que había algunos puntos de acantilados donde se daba el efecto embudo, y por tanto allí la fuerza eólica podía ser del doble. Mas lo peor era que en todo el Pasaje de Drake estaba soplando del nor-oeste. Eso significaba que cuanto más hacia el este navegáramos por la Península Antártica, más riesgo teníamos de pillar el viento de frente al poner rumbo hacia Ushuaia. De manera que este último día en el hielo decidimos pasarlo tranquilamente navegando por la zona en que nos encontrábamos, acercándonos hacia la Isla de Brabant. Honestamente, me habría encantado terminar estos días antárticos llegando hasta la Isla Decepción por un motivo: es allí donde se encuentra la única representación oficial española del Polo Sur, con sus dos estaciones. Pero había que aceptarlo; las cosas son como son, y no como a nosotros nos gustaría que fueran.

Aprovechamos para ir recogiendo todo lo que estaba desperdigado por el barco, pues antes de regresar al Pasaje de Drake tenía que estar firmemente estibado. También desinflamos y guardamos la lancha neumática, y nos aseguramos de atar con fuerza los kayaks a la cubierta. La verdad es que fue una jornada un poco nostálgica, como cuando uno hace las maletas para dejar el lugar de vacaciones. Pero aún quedaba mucho por delante. Por de pronto, elaboramos los turnos de guardia para las cuatro jornadas siguientes. Se había terminado el dormir a pierna suelta, y el comer a lo grande…
El día se me hizo un poco largo. Para ser sincero, en el mes de febrero, en que la noche apenas duraba cuatro o cinco horas en estas latitudes, casi todos los días se nos habían hecho largos. Teniendo en cuenta que era la primera vez que los compañeros australianos y yo visitábamos el Polo, y que el único plan había sido, en el fondo, dejarnos llevar por lo que encontráramos, y acaso dedicarnos a la admiración y a la fotografía, todo había resultado enormemente satisfactorio. Sin embargo, para futuras ocasiones, o si sirve de consejo a otros viajantes, pienso que es más provechoso visitar la Antártida llevando de antemano un proyecto más concreto, asegurándote de que te mantenga ocupado la mayor parte de cada día. Puede ser escalar montañas, hacer avanzadillas hielo adentro acampando en tiendas, realizar estudios sobre la fauna, o algún tipo de aventura más osada que ojalá se me ocurriera. El caso es aprovechar bien el viaje. Porque, además, las vacaciones meramente contemplativas y fotográficas nos hicieron engordar a todos, quién sabe si anticipando una futura rencarnación en foca. Estos eran los peligros de la vida sedentaria.

Amaneció el 26 de febrero y tocaba zarpar para Argentina, después de 14 días inolvidables en el hielo. Miramos la predicción del tiempo, y todo estaba igual. Era increíble que siguiera soplando del

71

nor-oeste, y que además permaneciera así durante varios días. En el Océano Glacial Antártico lo normal es que los vientos soplen del sur-oeste. El motivo es que en el Polo Sur, al ser el aire tan frío y pesado, la región tiene permanentemente altas presiones, fluyendo la corriente hacia el trópico, donde la presión es más baja; este aire que sopla de sur a norte se ve, además, afectado por la rotación de la Tierra, que lo empuja hacia el este. De manera que el resultado son vientos que vienen del sur-oeste. Esta es la dirección perfecta cuando uno regresa desde el Polo hacia Argentina, pues se recibe el empuje desde la popa. Pero al soplar el viento del nor-oeste, el resultado era que nos daba el aire casi de frente, y las olas nos venían un poco de costado. Ello mantenía el velero inclinado a estribor, y pegando botes con las olas. Navegar con rumbo de ceñida (que así se llama esta situación) durante un día, tiene su gracia, pues da mucha sensación de velocidad. Pero aguantar ese rumbo durante cuatro días es una pesadilla.

Enfrentándonos de nuevo al Pasaje de Drake

El caso fue que izamos la vela mayor y tiramos hacia el norte, directos a Ushuaia. Al poco de empezar a navegar, Gary ya estaba vomitando y con la cara blanca. Yo trataba de tomar fotografías de la mar brava cuidando que no se mojara la cámara. A veces se hundía tanto la proa con los botes, que las olas resbalaban por encima de la cubierta; y en otras ocasiones el oleaje arremetía de costado, y nos llenaba de agua la bañera del timón. A su manera, era una situación apoteósica. Al menos la velocidad del viento sí era adecuada: 30 nudos. Y al ser constante en intensidad y dirección, no daba apenas trabajo en el manejo de las velas.

Al final de la tarde me entraron ganas de orinar, pero viendo los botes que pegaba el barco decidí que era arriesgado hacerlo por la borda, por mucho que llevara el arnés. Lo malo era que si me metía en la cabina, donde estaba el baño, sospechaba que acabaría mareado sin remedio, pero me la jugué. El resultado fue que a los dos segundos de regresar a cubierta ya estaba vomitando. Fue cómico ver a Don agarrándome la pierna derecha y a Craig sujetándome la izquierda, mientras me tumbaba boca abajo, con la cabeza junto a la borda, para echarlo todo sin manchar. Coincidió con que me tocaba el turno de guardia, con sus 4 horas por delante. Menos mal que ya tenía el estómago relajado.

Al estar el barco escorado hacia estribor, esta vez eran los de las literas de babor los que tenía la situación más incómoda para dormir. De todas formas seguía siendo toda una aventura escalar a la mía. Si en el viaje de ida el problema era bajar de la litera, por el peligro de caerte, ahora el riesgo estaba al subir. Según brincabas a lo alto por el angosto hueco que te dejaba la malla de seguridad, tenías que tener cuidado de que un golpe de mar no te estrellara de cabeza contra el casco. Pero pronto cogí el truco, y una vez logré dormir se me pasaron los mareos. Además me gustó volver a escuchar junto a mi cabeza el sonido de las olas que corrían procelosas por el exterior del casco.

El día siguiente fue exactamente igual. Con el cielo nublado y el océano así, ni se veía el horizonte ni volaban los albatros, de manera que las guardias eran un aburrimiento. Y Craig también andaba algo mareado, con mucho sueño y bastante frío, así que no estaba muy hablador. De hecho, en mi nueva guardia nocturna me puse a cantar todo el repertorio de canciones que conocía, para matar el tiempo de las dos primeras horas, pues en las dos últimas, con Jackie, tenía algo más de entretenimiento. Nos reíamos pensando que por fin íbamos a adelgazar todo lo que habíamos engordado en el viaje. Y cada vez que una ola llenaba de agua la bañera del timón, bromeábamos llamando al capitán de guardia para que nos dejara sacar los kayaks y navegar dentro de la carlinga.

Llegó el tercer día, con más de lo mismo. Estábamos impresionados de que el viento soplara así durante tanto tiempo seguido. Esta vez decidí amenizar mis guardias repasando mis conocimientos de Historia, siglo tras siglo. Pero la realidad era que, por mucho que tratara de distraerme, navegar en ceñida estaba resultando agotador, pues ni lograbas dormir bien en la litera, ni podías relajarte durante las guardias. Ya que estábamos en estas aguas, me recreé especialmente recordando a Sir Francis Drake. Perteneció a aquella época en que la reina Isabel I de Inglaterra decidió que el oro y la plata del Nuevo Mundo no podían ser sólo para Felipe II, así que animó a sus marineros para que abordaran nuestros galeones y atacaran nuestras fortalezas. Drake comenzó su carrera como lugarteniente del famoso pirata John Hawkins, que era nuestra pesadilla de las Antillas. Y una vez formado, continuó actuando por libre tanto en el Mar Caribe, como en las costas de Perú, Panamá y Méjico, a las cuales accedió, precisamente, sorteando el Pasaje que ahora lleva su nombre. La gota colmó el vaso de nuestra paciencia con los ingleses cuando decidió atacar el mismísimo litoral español saqueando Cádiz en 1587. Ello hizo que en mayo de 1588 partiera de Lisboa nuestra Armada Invencible con rumbo a Inglaterra, con 130 buques y 20.000 soldados, a los que se unirían en Flandes los tercios navales de Alejandro Farnesio. Estar cruzando el Pasaje de Drake en estas condiciones endemoniadas, me sirvió para recrear el desastre que padeció nuestra imponente Armada. ¡Nos fastidió Drake entonces, y me fastidiaba su Pasaje ahora!

Durante estos días no se cocinaba, sino que nos alimentábamos de cosas muy sencillas: sándwiches, tostadas con mermelada, muchas galletas, barras energéticas, chocolate, y poco más. Sobre todo, había que beber mucho.

Llegó el 1 de marzo. Lo recibí con la guardia justo a primera hora, desde las 00 hasta las 4 a.m., y con la alegría de ver que, por fin, el viento soplaba de dónde tenía que soplar: del sur-oeste y manteniendo los 30 nudos. Con ello el velero dejó de inclinarse y las olas ya no venían de frente. A todos nos invadió una sensación de alivio indescriptible. Eso sí, estaba totalmente nublado.

Por un lado, pensamos que habíamos sufrido una pésima suerte al haber tenido que cruzar de esta manera el Pasaje de Drake. Pero por otro, ya estábamos todos temiendo que continuaran esas condiciones, o mucho peores, al topar de nuevo con el Cabo de Hornos. Por fortuna, no sólo había cambiado para mejor la dirección del viento, sino que al llegar al temido cabo bajó la intensidad a la mitad.

Eran las 6 de la madrugada cuando llegamos allí. Teniendo en cuenta que en el viaje de ida lo habíamos cruzado de noche y no lo pudimos contemplar, esta vez todos quisimos que nos despertaran para verlo. Aquella imagen resultó un tanto fantasmagórica. Estando todos en la cubierta, en silencio, todavía con bastante oscuridad y el cielo nublado, vimos un enorme peñasco que se levantaba en el horizonte. Era una especie de Peñón de Gibraltar pero con el perfil más afilado, rodeado de riscos, y con un oleaje alrededor un tanto encrespado y caótico. Conforme nos acercábamos y amanecía íbamos viendo más detalles. Antoine aproximó el barco todo lo que pudo y arriamos media vela para verlo más despacio. En el extremo sur se veía la luz del faro: un destello cada 10 segundos. Y conforme rodeamos el peñón vimos la casa del farero. Era una vivienda razonablemente grande con un monumento al lado. En ella vivía la familia del militar chileno encargado, que era relevado cada año. La verdad es que, puestos a vivir en un lugar tan remoto e inhóspito, todos nosotros preferíamos hacerlo en cualquiera de las estaciones científicas antárticas que habíamos visitado.

Por fin de regreso a las Américas

Continuamos con rumbo norte para llegar a la isla de Navarino, en territorio chileno, donde haríamos un par de noches antes de entrar en el Canal de Beagle y regresar a Ushuaia. Esta región del océano estaba llena de albatros y cormoranes. Me pasé toda la mañana contemplándolos, sentado en el púlpito de la popa ahora que había amainado el viento. Al cesar el balanceo y los botes del barco pudimos cocinar caliente otra vez, y en cuanto nos acercamos a la costa de Navarino, ya por la tarde, empezó a salir el sol y se quedó un día precioso. Por fin habíamos dejado atrás las turbulentas jornadas del Pasaje de Drake.

La primera escala la hicimos en la minúscula aldea de Puerto Toro, perteneciente a la comarca de Punta Arenas. Se nos hizo raro ver colinas boscosas en sus alrededores, después de haber estado viendo hielo durante todo el viaje. Poco antes de llegar a su embarcadero, aminoramos la marcha ante la presencia de balizas señalizando redes pesqueras.

La bahía tenía un color exuberante al darle la luz del atardecer, y exhibía junto a su pequeña playa una coqueta iglesia de madera. Decir, no obstante, que Puerto Toro era una aldea, era ser demasiado generoso. Sólo vivían 3 familias permanentes y no se contaban más de una docena de casas, incluyendo almacenes y un club social. Su principal habitante era el carabinero, que salió pronto a recibirnos. Aprovechando su habla hispana entablé una amistosa conversación con él. Su cabaña tenía una gran antena parabólica y otra para la radio, pues su labor era controlar todo el tráfico de embarcaciones que entraban en aguas chilenas; el mayor problema era el de las barcas pesqueras argentinas que trataban de desafiar las aguas territoriales. Vivía con su esposa, y siempre tenía que estar uno de los dos de guardia, de manera que mientras él hacía la ronda tres veces al día, su mujer estaba atenta junto a la emisora. A pesar de vivir en un lugar tan solitario, confesaba no tener tiempo libre para nada, pues el tráfico marítimo era suficientemente intenso para tenerle ocupado las 24 horas del día. Un trabajo así, en un sitio tan remoto, se aceptaba, según decía, porque estaba muy bien pagado.

A continuación desembarcamos y aproveché para charlar con los pescadores, que estaban en el muelle preparando sus aparejos de pesca: manipulaban enormes jaulas que se contaban por docenas, apiladas unas encima de otras. Lo suyo era el marisqueo de centollos y cangrejos. Lo entregaban todo a la cooperativa de Punta Arenas, que a su vez lo vendía a un mayorista de allí, que era quien realmente ganaba el dinero; comentaron, por cierto, que exportaban gran parte de la producción a España. En Puerto Toro apenas había un par de traineras permanentemente, pero en la temporada de pesca, que transcurría de febrero a noviembre, llegaban a hacer noche hasta 40, animando la vida del embarcadero, como veríamos en pocas horas. Su principal problema era el mismo que tenían los pescadores y ganaderos españoles: por un lado el mayorista no les dejaba subir el precio del marisco; pero, por otro, los costes de producción sí se incrementaban año tras año, con lo cual su beneficio se iba mermando. Les subía el coste del combustible, el de los materiales para reparar los aparejos de pesca, y todo el mantenimiento de las embarcaciones. Al menos la legislación chilena protegía al gremio de los mariscadores, impidiendo que pudiera entrar la gran industria arrasando con sus capturas. A día de hoy decían vivir bien, pero veían peor su futuro. Preguntándoles por sus problemas sociales, todos estaban de acuerdo en que el mayor era la educación de sus hijos, pues las escuelas privadas tenían un precio inasumible, y las públicas eran nefastas. La sanidad pública era gratuita y razonablemente accesible. Y se incentivaban mucho los planes de pensiones privados, que es uno de los aspectos mejor administrados en la economía de Chile, para no cargar tanto el presupuesto público.

Mientras hablaba con ellos, Antoine se había encargado de comprarles marisco para la comida del día siguiente. De momento, para esta noche, preparamos una última barbacoa, y saqué de aperitivo el último jamón de pata negra que me quedaba, ofreciendo también a los pescadores. Conforme cenábamos, ya de noche, iban llegando a puerto más traineras con sus focos deslumbrantes, y se iban amarrando unas a otras apelmazándose en la pequeña bahía. Nuestro velero quedaba un poco raro entre tanto casco de madera colorido, el traqueteo de los motores, y las chimeneas echando humo. Después del postre, fue una delicia tomar la copa en la cubierta con todo el trajín del murmullo pesquero. Sin dudarlo, saqué uno de mis puros para los momentos especiales, y lo fumé con parsimonia contemplando el cielo estrellado. Fue otra de esas ocasiones en que pensé: ¡Dios, qué feliz soy! y no porque tuviera suerte, sino porque sembraba para cosechar felicidad. Hacía un año que tomé la decisión de viajar al Polo, y ahora recogía los frutos de tanto preparativo. Esto de tomar decisiones presentes para asegurarme alegrías futuras, era algo que hacía cada semana de mi vida, y que me funcionaba estupendamente. No tenían por qué ser experiencias grandes, sino más bien pequeños detalles. Todo era cuestión de profundizar en mis sentimientos, localizar las cosas cotidianas que me alegraban la vida, y planificarme para fomentarlas, a la vez que sofocaba los malos rollos en cuanto se presentaban (aprendí de la filosofía china que los problemas es mejor solventarlos cuanto todavía son pequeños…; vale para el cuidado de la salud, para las relaciones sociales, o los descuadres económicos de nuestro presupuesto; y también es una regla que deberían tener presente los gobernantes a nivel nacional). El caso es orientar nuestras medidas a hacernos más felices.

Al amanecer no quedaba ni rastro de los pescadores; todos partieron temprano para su faena dejando el embarcadero solitario. Dimos un último paseo por la aldea, contemplamos unos buitres, y zarpamos también nosotros, siguiendo hacia el norte.

El último destino

A media mañana, empezamos a virar hacia el oeste porque entrábamos en el Canal de Beagle, que es el que separa la isla de Navarino de la Tierra de Fuego; de manera que las montañas que veíamos al sur pertenecían a Chile, y las del norte eran argentinas. Devoramos el marisco que compramos la tarde anterior, y a las 6 horas de travesía divisamos Puerto Williams, que era nuestra siguiente escala en territorio chileno. Esta es una población levantada alrededor de una base militar, también pequeña pero mucho más populosa que Puerto Toro. Contaba con 1.200 almas, y tenía incluso un aeropuerto. En su club náutico estaban atracados media docena de veleros. La primera tarea fue subir a la Prefectura Naval, donde estaba también la aduana, porque teníamos que presentarnos con nuestros pasaportes al ser este nuestro punto oficial de entrada en Chile. Allí, un coqueto puesto de guardia vigilaba constantemente el canal, atento a las maniobras de los barcos argentinos. También tenían una fragata de guerra atracada en el puerto. La segunda tarea fue asearnos en condiciones, no ya en el barco, sino en las instalaciones del club náutico. Fue toda una novedad saber que ya no tendríamos que accionar 20 veces una bomba después de utilizar el baño. Con esto tuvo lugar una anécdota debida a mi insuficiente entendimiento del inglés: no me aclaré bien con las indicaciones de los capitanes sobre dónde estaban los servicios del club; así que desembarqué del *Spirit* en bañador, con mi neceser, y con mi toalla de baño al hombro, suponiendo que las duchas estarían en algún barracón cercano. Pasé de largo los otros veleros, crucé una puerta, y sólo vi unas casetas en el montículo que había junto al club. Encontrando lógico que las oficinas y servicios estuvieran allí, pues tenían vistas a todo el embarcadero, me acerqué y vi un hombre en el jardín, al que pregunté dónde tenía las duchas para asearse. El hombre, viéndome tan dispuesto con mi toalla y mi neceser, se quedó perplejo. Entonces empecé a sospechar que aquello era una vivienda privada que no tenía nada que ver con el club; así que le especifiqué que venía del velero. El hombre sonrió y me indicó dónde estaban los servicios que buscaba. Resultó que tanto las oficinas como las duchas estaban en el mayor de los barcos que había en el propio embarcadero. Era un buque que ya no navegaba y lo habían acondicionado como sede del club... ¡Quién iba a decirlo! Todos se rieron de mí al verme regresar por el camino. Pero más me habría reído yo si en lugar de encontrar a aquel hombre hubiera sido una mujer, y me hubiera dejado pasar a su casa para ducharme.

A última hora de la tarde dimos un paseo por el pueblo. Me entretuve con unos niños muy divertidos, que estaban sorprendidos de que hubiéramos estado en la Antártida. Después localizamos un museo de antropología que visitaríamos al día siguiente, y nos sentamos en el único bar que había por los alrededores. El dueño era listo: en una pared tenía la bandera del principal club de fútbol de la liga chilena, y en otra la del segundo, con el televisor en medio; dado que la mitad del pueblo apoyaba a uno de estos equipos y el resto al otro, se aseguraba tener siempre clientela. Por lo demás, no es que hubiera mucha animación por la plaza, pero se anunciaban algunos hospedajes, una oficina de actividades turísticas, y tres o cuatro restaurantes decentes. Regresamos al barco, cociné unas lentejas, sacamos el vino, preparamos unos mojitos, y terminamos lo que quedaba de mi bota de orujo.

Tras dormir a nuestras anchas, amaneció un día de lo más tranquilo. El olor del café y las tostadas que preparaban los compañeros más madrugadores, era lo que nos hacía bajar de nuestras literas. Desayunamos, charlamos con los tripulantes de los veleros vecinos, y salimos a pasear. Al principio había una ligera lluvia, pero escampó a lo largo del día hasta dejar una tarde soleada. Don aprovechó para caminar por un sendero, donde se veían algunos excursionistas. Los demás visitamos el Museo Antropológico, que ya estaba abierto. En él se explicaba cómo hace 20.000 años el hombre pasó desde el norte de Asia hasta Alaska, y una vez en el continente americano se expandió hacia el sur. Con el fin de la última glaciación, hace 10.000 años, pudo ocupar regiones más meridionales, y hacia el 4.000 a.C. se datan los primeros asentamientos en la Tierra de Fuego. Este fue el origen de los *Indios Yaganes*, que eran un pueblo de cazadores, pescadores, recolectores y nómadas, especializados en el uso de las canoas. En su religión, por cierto, se describe un episodio similar a nuestro diluvio universal, lo que apoya la tesis de que se refería al fenómeno global del fin de la glaciación y el ascenso del nivel de las aguas. Se continúa explicando que en el siglo XVI llegaron los descubridores de América. En el XVII, los holandeses abrieron la ruta del Cabo de Hornos para los buques de la Compañía de la Indias Occidentales, que era más rápida que cruzar el Estrecho de Magallanes. El siglo XIX fue el de los balleneros, la caza masiva de focas, y el exterminio de los lobos marinos; ello supuso una hecatombe para los *Yaganes*, al mermar los recursos de su ecosistema. También en esta época se implantaron las primeras misiones evangelizadoras de la Tierra de Fuego. Pero el contacto con el hombre blanco tuvo otro efecto devastador sobre la población indígena, debido a la introducción de enfermedades. A finales de ese siglo apenas quedaban ya nativos en el archipiélago; Charles Darwin contactó con los últimos por estas fechas, en su viaje hacia las Islas Galápago. Ello coincidió con el descubrimiento de oro, lo que hizo que el gobierno chileno fomentara los asentamientos, a la vez que Argentina fundó la ciudad de Ushuaia. Pero el metal se agotó en 40 años y las poblaciones entraron en declive. Hubo que esperar a 1953 para que se fundara Puerto Williams, como base militar para defender la soberanía chilena del Canal de Beagle frente a las aspiraciones argentinas. El resultado fue que, con la intermediación del Reino Unido, se acabó repartiendo el territorio: se trazó en el mapa una línea longitudinal por la mitad del canal, y el norte se declaró argentino y el sur chileno. De paso, los británicos consolidaron su dominio en las Islas Malvinas. Todo ello tenía su explicación en el interés por controlar la Antártida, pues ya se sabía entonces que era rica en recursos pesqueros y minerales.

Según cerró el museo visitamos de nuevo el bar para tomar unas cervezas. Fue una sorpresa ver que estaban televisando el Málaga – Atlético de Madrid. Confirmé, una vez más, que la fama de nuestra liga de fútbol llega a los lugares más remotos. De allí regresamos al barco, pues era el momento de entregar la propina a nuestros capitanes, junto con un emotivo discurso de agradecimiento. A ellos también les había gustado navegar con nosotros, pues habíamos sido disciplinados y congeniamos bien, lo cual les facilitó su labor, cosa que, según decían, no pasaba con todos los grupos. Brindamos con unas cervezas y disfrutamos del bonito atardecer.

Acto seguido, se había organizado una fiesta en el bar del club náutico, donde nos juntamos las tripulaciones de todos los veleros, lo cual fue muy interesante para compartir impresiones. Por un lado, el mayor foco de atención fue escuchar al capitán alemán de aquel barco en que se perdió un montañero británico. Ahora que ya no tenía esa tripulación a bordo, pudo despotricar a sus anchas. Además se dio una situación muy cómica: el habitáculo de este bar apenas tenía 1,80 metros de altura, de manera que tanto el capitán alemán como nuestro amigo Don, que alcanzaban el metro noventa, tenían que inclinar su cabeza aprisionándola contra el techo, hasta que les ofrecimos amablemente unas sillas para que dejaran de castigar sus cervicales. Por otro lado, llegó una pareja de recién casados británicos, que estaban de luna de miel dando vueltas en solitario con su velero (Qué idea tan entrañable, ¿verdad?). Y finalmente me entretuve con un matrimonio holandés que llevaba una vida muy interesante: hastiados de la rutina occidental, habían vendido su casa; con la mitad del dinero se compraron el barco, y la otra mitad la invirtieron en activos para que les generaran rentas cada año; además habían pedido la jubilación anticipada, y así ingresaban cada mes dos pensiones. Con todo ello, llevaban 2 años recorriendo el mundo a toda vela, y así seguirían hasta la muerte. Una de los atractivos de viajar por el extranjero y contactar con este tipo de gente, es que descubres formas diferentes de plantearse la vida, y ello te abre la gama de alternativas, dándote ideas que en tu entorno social jamás te habrías planteado. Es bueno abrir la mente. Aproveché, además, para preguntar a estos holandeses sobre el Mar de Ross... Ellos no habían llegado tan lejos en su travesía por la Antártida, pero sospechaban que para llegar hasta allí era mejor partir desde Nueva Zelanda que desde Ushuaia, por la dirección de los vientos. Además, al estar diez grados más al sur de donde nosotros habíamos llegado, debía estar todo lleno de banquisa, por lo que sería mejor ir en enero que en febrero, teniendo así más margen de tiempo antes de que se empezara a cerrar el hielo. Aquella era una zona muy rica en fauna, y además muy poco visitada por los veleros; quizás llegaban dos o tres en todo el año. Finalmente, el dueño del club náutico, un chileno muy dicharachero, nos comentó cómo había crecido el turismo antártico en la última década: decía que hace diez años apenas llegaban a Puerto Williams una docena de barcos en toda la temporada estival; ahora pasaban más de doscientos. Entonces pensé en la bahía del cementerio de icebergs...; el día que haya cuarenta veleros fondeados, en lugar de dos, aquel paraíso perderá su encanto.

Aquella jornada había sido entrañable, y menos mal que acabamos pletóricos de alegría gracias a las cervezas y las copas, pues a todos nos daba una pena enorme pensar que esta iba a ser nuestra última noche durmiendo en las literas del *Spirit of Sydney*.
Efectivamente, amaneció el 4 de marzo, cerramos los trámites aduaneros en Puerto Williams, levamos anclas, y continuamos avanzando por el Canal de Beagle hasta divisar la ciudad de Ushuaia.

El regreso a Ushuaia

En ese momento, conforme nos acercábamos al muelle, fue cuando empecé a padecer aquellas sensaciones extrañas a las que me referí al principio de esta crónica. La desazón comenzó cuando Craig me dijo, con su sonrisa de siempre, que ya llegábamos otra vez a la civilización. Aquella frase tan inocente y obvia me cambió el estado de ánimo, como si me hubieran dado una bofetada... Tuve la impresión de que las cosas eran exactamente al revés: que habíamos pasado 25 días en el lugar más civilizado del planeta, y que ahora llegábamos de nuevo al caos. Estando en la Antártida todo había sido enormemente pacífico, hermoso, natural, limpio...; incluso la fauna había mostrado una mansedumbre inusitada en el reino animal. A mí no me habían hecho nada las ballenas, ni las focas, ni los pingüinos, ni los albatros, en todos los días que había pasado con ellos. Sin embargo los seres humanos eran un peligro, y su sociedad no resultaba en absoluto propia de seres civilizados, en el sentido ejemplar de la palabra. Así lo pensé en ese momento, generándome cierta tristeza.

Superado el trauma filosófico, procedimos con las maniobras de atraque en el muelle, sacamos todos nuestros bolsones, echamos un último vistazo nostálgico al velero, y llamamos tres taxis para ir a los hoteles. A última hora de la tarde habíamos quedado en la Prefectura Naval para presentarnos con nuestros pasaportes, y para tener después la cena de despedida en un bonito restaurante. En principio cabría pensar que todos estábamos deseando llegar, por fin, a la habitación de un hotel, arrojarnos sobre un enorme colchón, y darnos una ducha en condiciones. Y así era. Pero aquí llegó la segunda sensación extraña, pues aun reconociendo las bondades del confort del hotel, algo raro me pasaba que me tenía inquieto. Profundizando en mis sentimientos, llegué a la conclusión de que echaba mucho de menos la vida en el estrecho espacio del velero, y en concreto la litera de mi camarote. No le di más importancia, pero preferí asearme rápido, vestirme, y dejar la habitación cuanto antes para salir al tumulto de la calle.

Durante los trámites aduaneros, lentos y pesados de por sí, estuvimos todos bastante aburridos. Finalmente, nos pusieron los sellos reglamentarios y pudimos ir a cenar. El restaurante estaba en las afueras de la ciudad, arrimado a la costa para contemplar el Canal de Beagle. El comedor tenía una amplia cristalera para disfrutar de las vistas, y era muy elegante. Lo curioso fue que mientras esperábamos que nos sirvieran los platos, estábamos todos un tanto melancólicos. No tenía nada que ver con el fin de unas vacaciones, pues eso pasaba todos los años. Esto era algo diferente. Entonces Antoine nos dio una explicación: dijo que se trataba de una leve agorafobia, que sucedía a muchos de los grupos que habían llevado en el *Spirit*. Al haberse acostumbrado nuestra mente a pasar tantos días en el reducido espacio del velero, ahora sentíamos un cierto rechazo inconsciente, o desorientación, ante la inmensidad de una habitación de hotel, o en el ajetreo de Ushuaia. Si a eso uníamos la tranquilidad y el aislamiento que habíamos respirado en las remotas regiones polares, todo cuadraba.

Satisfechos con el argumento, empezamos a beber vino y cerveza, y a disfrutar de los manjares de la cena, para superar cuanto antes los efectos de la agorafobia. A los postres, Antoine y Julie nos hicieron unos modestos regalos gastronómicos, con un surtido de los alimentos que nos habían mantenido en forma durante las guardias. Después nos despedimos de ellos, y marcharon también Jackie y Gary. De manera que Craig, Don y yo, continuamos la fiesta trasladándonos al *Pub Irlandés* por consejo mío. Estaba a rebosar de gente, así que nos lo pasamos en grande hasta las 3 de la madrugada.

A la mañana siguiente fui directo a un punto de Internet para avisar de mi regreso a mis seres queridos. Después había quedado con Craig para comer, antes de coger el avión a última hora de la tarde, y aún tuve tiempo para pasear un poco por el muelle.

Me senté en los tablones de madera, contemplando la bahía, y me fumé mi último puro mientras reflexionaba sobre todo el viaje. Necesitaba concretar, antes de nada, por qué me seguía sintiendo triste. Pensé que, para empezar, estaba cansado, tanto físicamente por la travesía de regreso, como mentalmente por la acumulación de emociones. En segundo lugar sufría una cierta frustración porque que apenas habíamos logrado superar los 65° de latitud sur, cuando mi ilusión (a todas luces ingenua) habría sido llegar a los 78° del Mar de Ross. También me decepcionó comprobar que mi nivel de inglés, sin ser malo, no me había permitido participar plenamente en las tareas y conversaciones del velero; en algunas ocasiones no entendía la maniobra que se me pedía, cosa que un marinero no se puede permitir; y captar las bromas y chistes de los australianos, la mitad de las veces me era imposible (me temo que en España seguimos sin ser conscientes de la importancia del bilingüismo; el mundo está avanzando más deprisa que nosotros). Pero por encima de todo esto, había una razón para mi tristeza de índole más sentimental: habiendo visto tantas maravillas, no tenía a nadie con quien compartirlo. Allí estaba solo en el muelle, solo marcharía a mi país, y solo tendría que recordar mi aventura el resto de mis días. Después de los viajes anteriores siempre había tenido ocasión de juntarme con alguno de los compañeros, sentarnos a tomar una cerveza, y decir *"¿te acuerdas de aquello?... eso sí que fue la hostia."* Cuando experimentas cosas que muy pocos han vivido, es reconfortante saber que tienes a mano la compañía de los que fueron cómplices de tu felicidad. Pero esta vez no tendría a nadie. Es cierto que podría viajar a Australia y visitar al bueno de Craig, o a cualquiera de los otros; pero eso era algo que sucedería muy ocasionalmente, o quizás una vez en la vida. Y lo de comunicarse por Internet no era lo mismo; los hombres necesitamos hablar cara a cara con una cerveza en la mano. De manera que la conclusión era clara: la próxima vez me esforzaría por ir emparejado o con un grupo de españoles.

Aliviado por haber concretado la raíz de mi problema, comencé con la terapia de mirar esta vez los aspectos positivos. Me animé recordando que, en el fondo, había cumplido mis 3 objetivos fundamentales: en primer lugar, navegar hasta saciarme, que lo echaba mucho de menos; en segundo lugar, practicar a conciencia el inglés, que aunque no me tuviera satisfecho, algo había mejorado; y finalmente, y sobre todo ello, había llegado a la Antártida, y por supuesto había regresado.

Aunque en principio el viaje me había dejado tan agotado que no tenía intención de repetirlo, lo cierto era que la conversación con el holandés me hizo dar vueltas a la idea de llegar al Mar de Ross en el futuro. Por tanto este problema también tenía solución. Dado que tres de los australianos que me habían acompañado eran al menos diez años mayores que yo, quedaba demostrado que aún tenía margen de edad para ello. Eso sí, en caso de hacerlo sería para una expedición más concreta, y con gente buscada por mí. Pensé asimismo que trataría de visitar también el Polo Norte, pues siempre he querido ver las auroras boreales, y hacer alguna incursión en trineos tirados por perros; además tenía que aprovechar todo el material que me había comprado. Pero eso era cosa fácil, pues el norte geográfico estaba mucho más explotado que el sur, y había multitud de agencias que te organizaban viajes. No tenía, en absoluto, tanto peligro como el Polo Sur, ni era tan incómodo llegar.

Quise también dedicar algunos pensamientos a los exploradores, después de haber experimentado, remotamente, las condiciones en que aquellos valientes realizaron sus hazañas. Cuando pienso en lo que Amundsen logró a sus 41 años, no puedo evitar la frustración de reconocer que yo, a esa misma edad, no he hecho absolutamente nada reseñable por la Humanidad. La realidad es que la mayoría de los mortales llevamos vidas enormemente triviales, en que uno se pregunta si su labor está siendo de alguna utilidad social. Sin embargo estos héroes, como tantos otros personajes de la Historia, incluso arriesgaron sus vidas para lograr fines memorables. Es cierto que cada uno de nosotros hace su aportación a través de su trabajo, pero yo me refiero a algo más grande…; a ese sentimiento de que tienes capacidad para realizar obras más ambiciosas y provechosas, y que sin embargo estás desperdiciando el tiempo viendo pasar la vida desde el sofá de tu casa, o empleado en un oficio que no lleva a ninguna parte. Siempre he pensado que no quiero ser una de esas almas sin bálsamo ni veneno, que sin hacer nada malo tampoco lo hacen bueno, pasando por este mundo sin pena ni gloria, y limitándose a existir como existen las piedras. Nacer, crecer, reproducirse, y morir, es algo que también saben hacer las cucarachas…; pero yo siempre he buscado un poco más de emoción en la vida. Aunque por otro lado, dedicarme a viajar, sin aportar nada a nadie, me ha hecho sentir enormemente feliz, y eso también es una contribución importante dentro de su sencillez, pues si la Humanidad estuviera integrada por más seres felices, supongo que el planeta sería un lugar más pacífico y agradable. No debemos subestimar las pequeñas cosas.

Terminé mi puro, di por concluidas mis reflexiones, y abandoné el muelle. Sin duda, seguía teniendo demasiados recuerdos apelmazados en la cabeza, tanto de las imágenes como de las experiencias que había vivido en el hielo. Había sido como estar en otro planeta… A diferencia de los viajes anteriores, intuí que necesitaría más tiempo que de costumbre para asimilarlo todo, ordenando mis notas tranquilamente en casa, y revisando las fotos. Concluidas así mis meditaciones, y sintiéndome esta vez alegre, vi que aún me quedaba tiempo para tomar otra cerveza *Beagle*. Acudí directo al mismo sitio donde probé la primera el día en que llegué a Ushuaia. Me supo a gloria…. Por fin ese sentimiento tras haber cumplido mi hazaña… LA GLORIA. Ya era hora de tomar el avión hacia Buenos Aires.

Jose Bescós Cano,
Primavera de 2013

ANEXO: Las hazañas de los exploradores.

LA EXPEDICIÓN DE ROSS, 1839:

Entre 1839 y 1843 el británico James Clark Ross protagonizó la expedición más importante al Polo Sur llevada a cabo hasta entonces. El objeto principal de la misión era completar el estudio del magnetismo de La Tierra, pues ya con anterioridad él mismo había concretado la situación del polo norte magnético. Con sus barcos *Erebus y Terror* llegó hasta el Mar de Ross. Allí descubrió la gran barrera de hielo, un volcán activo y un monte elevado. Precisamente en honor a sus navíos, puso al volcán el nombre de *Erebus*, y al monte lo llamó *Terror*. Allí cerca detectó la existencia del polo sur magnético. Sorprendentemente, nadie regresaría al Polo Sur hasta sesenta años después, pues las ambiciones exploradoras se centraron en conquistar el Polo Norte.

LA EXPEDICIÓN DE NANSEN, 1893:

Nansen viajó al Polo Norte, pero su experiencia fue fundamental para las expediciones del sur. La diferencia fundamental entre el Polo Norte y el Polo Sur es que el primero es un océano y el segundo un continente. Si se descongelara el océano glaciar ártico veríamos agua; si se descongelara el hielo del Polo Sur veríamos el continente de la Antártida. Como digo, el precursor de las expediciones polares modernas fue este científico noruego, Fridtjof Nansen. Su gran aportación fue el diseño del navío *Fram*, cuyo casco redondeado a modo de melón impedía que el hielo lo aprisionara y aplastara, como había sucedido con los barcos de sus predecesores. En lugar de eso, una vez llegaba la nave al límite septentrional de la navegación posible, donde los témpanos se hacían tan densos que ya no era posible continuar, la presión del hielo sobre el casco hacía que éste se elevara con naturalidad y reposara sobre la superficie, esperando la época del deshielo para volver a navegar. Además utilizaba un molino de viento para suministrar luz eléctrica durante la noche polar, y aisló térmicamente el caso para hacerlo habitable en el frío extremo. Incluso tenía una biblioteca con 600 volúmenes para pasar el rato. La tripulación la integraban 13 hombres, y llevaban provisiones para cinco años. La expedición zarpó desde Oslo en el verano de 1893, y pasaría 1000 días en el hielo, regresando en 1896. Tras año y medio navegando hacia el norte, con sucesivas paradas para hacer mediciones científicas, en marzo de 1895 la nave llegó al límite septentrional de sus posibilidades de navegación. Tal como estaba planeado, Nansen permitió que el *Fram* quedara atrapado en el hielo, perfectamente suspendido sobre el mismo, y el equipo desembarcó y continuó la travesía en tres trineos tirados por 28 perros. Nansen había convivido con los esquimales en Groenlandia, con los que había pasado incluso el invierno, aprendiendo sus técnicas de supervivencia. Conoció el uso del kayak y de los esquís para avanzar en los entornos gélidos, y practicó la caza de morsas y osos polares, de los que obtenía el alimento, la piel para abrigarse, y el aceite para las lámparas. Todo ello le sirvió para seguir avanzando en esta expedición durante los meses de la noche polar. El 7 de abril alcanza la latitud más alta que hasta entonces se había logrado (86° 14´) a sólo 364 kms del polo norte absoluto. Pero, consciente de no poder continuar, emprende el camino de regreso, y es entonces cuando comienza su dramática odisea al percatarse de los errores de cálculo para dar con la ubicación del barco, que se había desplazado por efecto de las corrientes. Su travesía de 1000 kms, a pie y en kayaks, regresando hacia el sur, es uno de los episodios más penosos de la conquista de las regiones árticas. Pasado el verano, se les echó otro invierno encima, en que quedaron aislados en condiciones extremas, las cuales superaron construyendo un refugio improvisado en el que vivieron durante nueve meses, esperando el deshielo para reanudar la marcha. Por fortuna, en junio de 1896 un explorador británico les encontró, al estilo del encuentro entre Livingston y Stanley. A los pocos días eran recibidos como héroes en Noruega. El *Fram*, por su parte, regresó ese mismo mes tras liberarse de los hielos. Dado el éxito naval de su diseño, y su valor simbólico nacional, Amundsen decidió utilizarlo años después en la expedición a la Antártida con que conquistaría el Polo Sur. Actualmente se encuentra expuesto en el mismo fiordo donde fue botado, cerca de Oslo. La gran aportación científica de Nansen fue demostrar que el Polo Norte era un océano helado. Su labor fue continuada por Peary, Scott y su compatriota Amundsen.

LA PRIMERA EXPEDICIÓN DE SCOTT, 1901:

El británico Robert Falcon Scott diseñó esta nueva expedición de tres años al Polo Sur, con motivos estrictamente científicos. Su barco era el *Discovery*, y entre su tripulación se encontraba el joven Ernest Shackleton, que más tarde emprendería por su cuenta el primer intento de conquista de los 90 grados de latitud. Además de los descubrimientos geográficos, en esta expedición se localizó la primera colonia del *pingüino emperador*, el ser vivo capaz de aguantar parado las temperaturas más bajas del planeta.

LA PRIMERA EXPEDICIÓN DE SHACKLETON, 1907:

Esta vez por su cuenta, Ernest Shackleton partió hacia la Antártida con el velero *Nimrod*, y la intención de conquistar el Polo Sur. En un admirable ejemplo de sentido común, y de responsabilidad por la vida de su equipo, tomó la decisión de dar media vuelta cuando ya había alcanzado los 88° de latitud, quedándole sólo 180 kms para conquistar el sur geográfico. Se había percatado de que, en caso de continuar, no tendría provisiones para la vuelta, y moriría. Precisamente un error de cálculo en este mismo punto, será lo que pocos años más tarde llevará a la muerte a Scott y su equipo.

Shackleton utilizó caballos, trineos de motor, y trineos tirados por perros. Su experiencia fue clave para que Amundsen y Scott pudieran emprender las expediciones definitivas que permitieron alcanzar los 90 grados, cuatro años más tarde.

LAS EXPEDICIONES DE AMUNDSEN Y SCOTT, 1911:

Roald Amundsen, nacido en abril de 1872, pertenecía a una familia noruega de capitanes y navieros. La fascinación por la travesía del Polo Norte que había protagonizado su compatriota Nansen, le animó desde joven al mundo de las exploraciones. Su principal problema, el financiero, lo solucionó viajando a Estados Unidos, donde conoció al millonario Lincoln Ellsworth, que patrocinó sus proyectos.

En 1897 consiguió un puesto de timonel en su primera expedición antártica, organizada por los belgas. El buque quedó atrapado en el hielo al oeste de la península antártica, y tuvieron que pasar allí el invierno sobreviviendo con carne cruda de animales marinos, y abrigándose con pieles de foca. Con la experiencia adquirida, en 1903 Amundsen comandó su primera expedición particular por el océano polar ártico, donde aprendió las costumbres de los esquimales, la supervivencia durante el invierno, y especialmente el manejo de los trineos tirados por perros.

Por fin, tras tener noticias de que Robert Peary había conquistado el Polo Norte, se afanó en preparar su conquista del Polo Sur. Para ello hizo uso del legendario barco noruego *Fram*, que Nansen había utilizado en su epopeya polar nórdica. Su rival sería el explorador británico Robert Scott. En enero de 1911 el *Fram* llegó al Mar de Ross, donde ancló y se levantó el campamento. Allí pasó Amundsen varios meses probando los trineos y el resto del material para hacer las mejoras necesarias, y sobre todo instaló campamentos avanzados varios kilómetros, en los que fue depositando provisiones, para así poder realizar escalas en su travesía definitiva. Pasó el invierno austral, y en septiembre de

1911 partió con un equipo de 8 personas a la conquista del Polo Sur. Pero tan sólo cuatro días después, la temperatura bajó inesperadamente por debajo de los 50° bajo cero, y tuvieron que regresar al barco. El 19 de octubre volvieron a intentarlo, llevando 4 trineos y 52 perros. El día 15 de noviembre alcanzaron los 85° de latitud sur, y cruzaron los agotadores Montes Transantárticos hasta llegar a la meseta antártica. Aquí levantaron un campamento donde sacrificaron a veinticuatro de los perros, tal como estaba planificado desde el principio. Parte de su carne era necesaria para seguir alimentado a los otros animales de tiro, y el resto sería utilizada en el viaje de regreso. El 7 de diciembre alcanzaron el punto máximo al que logró llegar su antecesor Ernest Shackleton: los 88°. Sólo quedaban 180 kms para alcanzar el sur absoluto, que fue finalmente tomado el 14 de diciembre, treintaicinco días antes de que lo hiciera Scott. Como testimonio de su logro, dejó una tienda de campaña con una nota dentro dirigida a su competidor, y también para el caso de que no lograra sobrevivir en el camino de regreso. La desolación de Scott sería dramática al alcanzar su meta y descubrir que no había sido el primero.

Amundsen regresó a su barco el 25 de enero de 1912, con once perros, y tras 99 días de viaje. Pero dada la ausencia de medios de comunicación, su proeza no fue anunciada públicamente hasta el 7 de marzo, cuando el equipo llegó a Australia. La crónica de su viaje la recogió en el libro *El Polo Sur: un informe de la expedición antártica noruega en el Fram*, cuya lectura recomiendo encarecidamente.

En 1925, tras sacarse el título de aviador, Amundsen emprendió su siguiente reto: ser el primero en alcanzar el Polo Norte por vía aérea. Lo logrará en su segundo intento, en 1926. En 1928 partió de nuevo hacia el polo con un hidroavión, esta vez para rescatar al explorador Nobile, que se había perdido surcando el ártico con un dirigible. Por desgracia falleció al estrellarse su avión sin que se encontrara nunca su cuerpo, mientras que, paradójicamente, se logró hallar con vida a Nobile.

En cuanto al otro competidor, Robert Falcon Scott, nació en Plymouth, Inglaterra, en 1868. Era oficial de la Armada Británica. En 1901 la Royal Geographical Society le reclutó para comandar una primera expedición a la Antártida. Uno de los hombres que le acompañó era Ernest Shackleton, pero no tuvo con él muy buena relación. Cuando regresó de la expedición en 1904 fue recibido como héroe popular. En 1910 la Royal Geographical Society le encomendó una segunda expedición que, además del interés científico, esta vez incluía el objetivo concreto de alcanzar el Polo Sur. Una vez emprendido el viaje, fue cuando Scott tuvo noticia de que el noruego Amundsen se había hecho a la mar con las mismas intenciones. Ambos exploradores atracaron su barco en el Mar de Ross, como punto de partida de su hazaña, si bien el campamento de Scott estaba a 320 kms al oeste del de Amundsen, en el otro extremo de la bahía. Su marcha hacia el sur comenzó el 1 de noviembre de 1911, trece días después que la de su competidor noruego. Utilizó trineos motorizados, caballos y algunos perros, y le acompañaron 4 hombres. El 17 de enero alcanzaron el Polo Sur descubriendo, con gran decepción, la tienda con la nota de Amundsen. La desmoralización por su fracaso, unida al cansancio, hizo del viaje de regreso una tortura letal. En el mes de febrero murió el primero de los hombres. En el mes de marzo, las bajas temperaturas, cada vez más acusadas, y la ventisca, acabaron por congelar sucesivamente a toda la expedición, matándola de hambre y frío. Se calcula que Scott murió el 29 de marzo, tras dejar escritas unas notas de despedida, y cuando sólo le quedaban veinte kilómetros para alcanzar el refugio que le habría salvado la vida. Leer esta parte de su diario es ciertamente trágico, hasta ponerle a uno los pelos de punta. Su tienda con los cuerpos dentro, la encontraron ocho meses después, y allí erigieron un montículo de hielo para albergar su tumba. El mundo no conoció la tragedia hasta febrero de 1913.

La gran diferencia estratégica entre la expedición de Amundsen y la de Scott, consistió, sin lugar a dudas, en el uso de los trineos tirados con perros, frente a los caballos mongoles utilizados por Scott, que requerían pesados sacos de avena y no estaban preparados para las temperaturas y condiciones polares. Todos los caballos de Scott murieron por el camino, lo que le hizo llegar con grandes penurias al polo, e imposibilitó el viaje de regreso. Además Scott tenía un interés científico, más allá del meramente explorador de Amundsen, lo que le hacía detenerse con frecuencia a tomar mediciones diversas, que fueron de enorme utilidad para la comunidad científica.

Pasado un tiempo prudencial de los ecos de su gloria, comenzaron a aparecer biografías y críticas sobre la expedición de Scott, sacando a la luz ciertos errores de organización y de sus decisiones. Así, junto con *El Diario del Polo Sur*, que contiene las notas de viaje del propio Scott, es famoso el libro que publicó el más joven de los tripulantes de su expedición, Apsley Cherry Garrard, tratando de describir con mayor objetividad que Scott sus impresiones del viaje, con la buena intención de prevenir a futuros exploradores: *El Peor Viaje del Mundo*, es otra de las obras literarias que uno no debe perderse.

LA EXPEDICIÓN DE SHACKLETON, 1914:

El irlandés Ernest Shackleton nació en 1874. Con 16 años dejó sus estudios para hacerse oficial de la marina mercante, e ingresó en la compañía que se encargaba del correo con Ciudad del Cabo, en Sudáfrica. En 1901 acompañó a Robert Scott en una de sus expediciones polares, pero tuvo que abandonar por problemas de salud. Para resarcirse del desaire, en 1907 organizó su propia empresa a la Antártida, siendo el primero en caminar por la gran meseta antártica y alcanzar los 88° de latitud dos años después. El rey de Inglaterra, Eduardo VII, lo nombró caballero y le colmó de honores. También la Royal Geographical Society le concedió su medalla de oro. Tanto Nansen como Amundsen le felicitaron por sus logros y esfuerzo.

Tras la conquista del Polo Sur por Amundsen en 1911, Shackleton se puso por objetivo cruzar el continente helado de un extremo a otro, en lo que llamó la Expedición Imperial Transantártica, una travesía de 3.000 kms. Comenzaría en el mar de Weddell, y otro barco le recogería en el estrecho de McMurdo, esperándole al final de la ruta. Llevó consigo 28 tripulantes y 60 perros. Pero la mala suerte se cebó con la empresa cuando su barco, el *Endurance*, quedó atrapado en el hielo y fue aplastado lentamente en diciembre de 1914 (no le habría pasado si se hubiera fijado en el diseño naval del *Fram* de los noruegos...). Durante dos meses se vio obligado a acampar en el hielo flotante, hasta que decidieron echarse a la mar en los botes salvavidas para tratar de alcanzar tierra firme. Tras cinco días a la deriva llegaron a la Isla Elefante, a 550 kms de donde se había hundido su barco. Allí sobrevivieron hasta abril de 1916, en que Shackleton se arriesgó a zarpar con un grupo de 6 hombres, dejando al resto en la isla, y navegar otros 1.300 kms para alcanzar Georgia del Sur, donde estaban las estaciones balleneras y su campamento base. En algo más de dos semanas alcanzaron su objetivo. Sorprendentemente, lograron llegar con vida los 6 expedicionarios, y al instante se organizó el rescate de los otros 22 que habían quedado en la isla Elefante. Todos fueron rescatados, para gloria de Shackleton.

En 1921 regresó a la Antártida con la intención, esta vez, de circunnavegarla. Murió de un infarto en la isla de Gerogia del Sur, donde fue enterrado por deseo de su esposa. En 1959, Alfred Lansing recogió la proeza del explorador en el libro *El Increible Viaje de Shackleton en el Endurance*. Sus virtudes de liderazgo y camaradería fueron un ejemplo a seguir para los contemporáneos, e incluso hoy en día son enseñadas en prestigiosas universidades de negocios.

www.ingramcontent.com/pod-product-compliance
Lightning Source LLC
Chambersburg PA
CBHW070541030426
42337CB00016B/2296